Wie wird Wan-Tan-Suppe zubereitet?

Phuong Chi Van Girtler

Wie wird Wan-Tan-Suppe zubereitet?
Chinesische Kochrezepte mit kleinen Geschichten

Engelsdorfer Verlag
2009

Bibliografische Information durch
die Deutsche Nationalbibliothek:
Die Deutsche Nationalbibliothek verzeichnet diese Publikation in
der Deutschen Nationalbibliografie; detaillierte bibliografische
Daten sind im Internet über http://dnb.d-nb.de abrufbar.

ISBN 978-3-86901-077-9

Copyright (2009) Engelsdorfer Verlag

Alle Rechte beim Autor

Hergestellt in Leipzig, Germany (EU)
www.engelsdorfer-verlag.de

12,00 Euro (D)

Inhaltsverzeichnis

Vorwort 7

1. Suppen 8
   Wan-Tan-Suppe 8
   Currysuppe mit Rindfleisch 11
   Currysuppe mit Truthahnfleisch 14
   Süßsaure, scharfe Fischsuppe 16
   Glasnudelsuppe mit Garnelen 19

2. Vorspeisen 22
   Frühlingsrolle 22
   Frittierter Wan-Tan mit Tomatensoße 25
   Tofu mit Tomatensoße 27

3. Hauptspeisen 30
   a. Fischgerichte 30
   Platte mit Fisch, Reisnudeln und Salat 30
   Frittierter Fisch mit süß-saurer, scharfer Soße 34
   Tintenfisch mit Ananas 37
   Frittierte Krabben mit Mandeln 40
   Gebratener chinesischer Reis mit Garnelen 44
   Gebratene Krabben 47
   Gebratene Glasnudeln mit Garnelen und
   chinesische getrocknete Pilze 50
   Nudeln mit Garnelen nach chinesischer Art 53

   b. Vegetarisch 56
   Sojakäse (Tofu) mit Sojabohnenkeimlingen 56
   Gebratene Sojakeimlinge 59
   Bunter Teller 62
   Vegetarisch 65

   c. Gemüse mit Fleisch 68
   Süß-saures Gemüse 68
   Gemüseteller mit Truthahnfleisch 71

Gebratenes Schweine- oder Truthahnfleisch
mit Gemüse und chinesischen Morcheln 74
Gebratenes Rind- und Schweinefleisch mit Gemüse, chinesischen
Pilzen und Morcheln 77

d. Fleischgerichte 79
   Hähnchenkeulen mit Zitronengras 79
   Hähnchenkeulen mit Ingwer.. 81
   Gegrillte Ente mit süß-saurem Salat.. 84
   Truthahnfilets mit Ananas und Currysoße... 87
   Truthahnfleisch mit chinesischen Morcheln und Ingwer.................... 89
   Glasnudeln mit Truthahnfleisch und chinesischen Champignons..... 91
   Fleischklößchen mit chinesischen Pilzen und Morcheln 94
   Weißkohltaschen gefüllt mit Fleisch
   und chinesischen Pilzen 97
   Tomaten, Paprika und Pilze in Fleischfüllung................................. 100
   Frittiertes Schweinefleisch mit süß-saurer scharfer Soße 103
   Rinderfilets mit Paprika und Zwiebeln.. 107
   Schweinefleisch mit Morcheln und Ingwer..................................... 110
   Schweinefleisch mit Ingwer 113
   Reisblätter mit Fleischklößchen, Sojabohnensprossen und Gemüse
   115

4. Nachtisch und für Zwischendurch.. 118
   Frittierte Bananen.. 118
   Gebackener Bananenkuchen mit Kokosnusscreme......................... 120
   Dessert mit Sojabohnen und Kokoscreme 123
   Dessert mit Kürbis und Kokosnusscreme 125
   Gedämpfte Küchlein mit Fleischfüllung.. 128
   Gedämpfter Kuchen 131
   Frisches Obst 133
   Vorbereitung einer Ananas 134
   Tee-Zeremonie 134

Alle Rezepte sind für 4 Personen gerechnet.

Vorwort

Als ich ein Kind war, schaute ich meiner Mutter immer zu, wie sie das Essen zubereitete. Ich freute mich, wenn sie mich fragte, ob ich ihr helfen würde.

Bei uns zu Hause wurde viel gekocht. Nicht nur weil wir eine große Familie waren, sondern weil wir ein Teegeschäft für Einzel- und Großhandel mit viel Personal hatten, das bei uns zum Mittagessen blieb. Die Tradition lernt man von Zuhause und so lernte ich das Kochen von meiner Mutter.

Diese Tradition pflegte ich bis heute. Auch wenn ich berufstätig war, nahm ich mir immer die Zeit, ein einfaches Gericht zuzubereiten. Es schmeckt immer gut, vor allem, wenn ich an meine Kindheit denke, denn bei jedem Anlass erzählten meine Eltern meinen Geschwistern und mir lustige, aber auch lehrreiche Geschichten.

Kochen für einen besonderen Anlass braucht viel Zeitaufwand, so sagen viele Leute. Man kann aber auch einfache Gerichte kochen und sie durch eine schöne Dekoration in ein Festmahl verzaubern. Man braucht nur eine kleine Portion Fantasie und Kreativität und schon gelingt eine gute Mahlzeit. Wir müssen unserer Fantasie einfach ihren freien Lauf lassen und auf ein gutes Gelingen vertrauen. Davon waren die Teilnehmerinnen und Teilnehmer, die meine Kochkurse besuchten, fasziniert.

Da meine Freude zum Kochen viel mit meinen Erlebnissen in meiner Kindheit zu tun hat, folgt in meinem Kochbuch nach jedem Gericht eine kurze Geschichte aus meiner Kindheit und Jugend.

Mein Kochbuch ist für all jene gedacht, die Interesse haben, etwas Gutes, einfach zu zubereitendes, aber doch Besonderes zu kochen.

Rezepte

1. Suppen

Wan-Tan-Suppe

Zutaten:
- 20 Wan-Tan-Blätter (im Asia-Shop erhältlich)
- 2 Knoblauchzehen
- 1 kleine Zwiebel
- 150 g Rinderhackfleisch (od. Schweinefleisch)
- 1 Karotte
- 1 l Hähnchenbrühe
- Sojasoße oder Maggi
- Sesamöl
- Salz, Pfeffer
- 2 bis 3 Frühlingszwiebeln (anstelle von Frühlingszwiebeln evtl. auch Porree od. Schnittlauch)

Zubereitung:
Die Wan-Tan-Blätter auftauen.
Das Fleisch in eine Schüssel geben. Zwiebeln und Knoblauch schälen, waschen, fein hacken und dazugeben. Mit Salz, Pfeffer, Sojasoße und etwas Sesamöl marinieren.
Die Frühlingszwiebeln putzen, waschen und in dünne Scheiben schneiden.
Die Karotte waschen, schälen, in große Stücke schneiden, 3 bis 4 Kerben längs in die Karotte einschneiden und anschließend die Karotte in dünne Scheiben schneiden (die Scheiben schauen dann wie Blumen aus).
Die Wan-Tan-Blätter rautenförmig ausgerichtet auf ein Brett legen. Jeweils ca.1 Teel. Füllung zu einer kleinen Kugel formen und in die Mitte der Wan-Tan-Blätter legen.
Die Ecken der Teigblätter nach oben klappen und zusammendrücken, sodass die Fleischkugeln im Teig eingeschlossen werden.

Die Fleischbrühe zum Kochen bringen. Die Karottenblumen dazugeben, kurz kochen und anschließend die Wan-Tan-Blätter hineingeben und ca. 3 Minuten sieden, mit etwas Salz, Pfeffer und Sojasoße abschmecken. Die Frühlingszwiebeln dazugeben und das Gericht heiß servieren.
Mit Korianderblättern wird der Geschmack der Suppe verfeinert.

Tipps:
Wenn Sie es gerne scharf hätten, dann können Sie etwas Chilisoße oder frische Chilischoten dazugeben.
Sie können Sojasoße oder Maggi verwenden. Sie können aber auch die beiden Gewürze bei jedem Gericht oder bei jeder Soße verwenden.

Unser Klassenlehrer beauftragte einige meiner Schulkollegen und mich (wir waren die besten Schüler und Schülerinnen der Schule) die Erwachsenen Analphabeten in der Abendschule zu unterrichten. Wir hatten aber noch nie im Leben unterrichtet und somit überhaupt keine Erfahrung. Meine Schulkollegen und ich wussten nicht wie wir die Sache angehen sollten. Deshalb machte ich den Vorschlag, uns vor Unterrichtsbeginn noch zu treffen, um geeignetes Unterrichtsmaterial zu suchen und auch um die Unterrichtsweise zu besprechen.

In meiner Familie und Verwandtschaft gab es viele Lehrpersonen. Meine Schwester unterrichtete in der Oberschule. Deshalb fragte ich sie um ein paar Tipps, wie man am besten den Unterricht aufbauen und interessant machen kann. Die hilfreichen Informationen gab ich auch meinen Kollegen weiter. Der erste Unterrichtstag war gar nicht so schlimm wie wir dachten. Alles verlief großartig und außerdem war es für uns eine schöne Erfahrung.

Nach dem Unterricht fuhren wir gemeinsam mit dem Fahrrad nach Hause. Ein Stück des Weges war steil. An dieser Stelle hatte ich immer Angst hinunterzufahren. Deshalb schlugen meine Kollegen vor, das Fahrrad an diesem Hang zu schieben. Der Heimweg dauerte so zwar länger, dafür hatten wir mehr Zeit über Gott und die Welt zu reden. Als ich zu Hause war, fragte mein Vater, ob der Unterricht verlängert wurde. Ich antwortete grinsend, dass wir noch viel zu besprechen hatten.

Nach meinem ersten Unterrichtstag gab es zum Abendessen eine leckere Wan-Tan-Suppe und zum Nachtisch viel Obst.

Currysuppe mit Rindfleisch

Zutaten:
- 500g Rindergulasch
- 4 Kartoffeln
- 4 Karotten
- 2 Zehen Knoblauch
- 2-3 Zwiebeln
- Salz, Pfeffer, Sojasoße o. Maggi
- 2 Teel. Currypulver
- ½ Teel. Peperonipulver
- Pflanzenöl o. Sesamöl
- 1 Dose Kokosmilch (Reformhaus)

Zubereitung:
Etwas Öl in einen Topf geben (Sie können auch einen Schnellkochtopf verwenden, dann geht`s schneller). Knoblauch, Zwiebeln schälen, waschen, fein hacken, dazugeben und gold-gelb anrösten. Rindergulasch in kleine Stücke schneiden in den Topf geben, umrühren, etwas Wasser dazugeben, zudecken und weiter kochen lassen. Karotten und Kartoffeln schälen, waschen und in Würfeln schneiden. Zuerst die Karotten dazu geben und ¼ Stunde später die Kartoffeln. Weiter kochen bis alle Zutaten weich gekocht sind. Zwischendurch etwas Wasser dazugeben, denn die Suppe soll nicht dickflüssig werden. Dann mit Salz, Pfeffer und Sojasoße abschmecken. Anschließend Peperonipulver, Currypulver und Kokosmilch zusammenmischen und dazugeben. Kurz noch mal kochen, abschmecken und von der Herdstelle wegnehmen. Anschließend heiß servieren.
Als Beilage eignen sich Reis oder Baguette.

Curry stammt ursprünglich aus Indien. Heute ist Curry weltweit bekannt. Curry-Gerichte sind sehr beliebt bei uns. Wenn es kalt war, aßen wir gerne Currysuppe, weil uns dann ganz warm wurde. Wir aßen aber auch eine Currysuppe, wenn es heiß war. Die Hitze im Sommer verdarb uns nämlich den Appetit und da war eine Currysuppe genau das Richtige, um den Appetit wieder anzuregen. Zur Currysuppe tranken wir einen frisch gepressten Zitronensaft mit Eiswürfeln. Dies ist eine gute Kombination und schmeckt immer köstlich!

Die Zitronen wuchsen bei uns im Garten unproblematisch. „Bio-Zitronen" würden wir heute solche Zitronen nennen. Meine Mutter versteht viel von Humus und wie man natürlichen Kompost herstellt und verwendet. Neben den Geschäftszeiten machte sie das nebenbei.

Meine Mutter kaufte viel Obst. In der Hochsaison schmeckten die Früchte am besten. Die Früchte kauften wir direkt von den Obstbauern. Nach dem Abendessen aßen wir viel Obst und lachten uns über die Anekdoten kaputt, die unsere Eltern meinen Geschwistern und mir erzählten. Eine davon werde ich erzählen:

Die Früchte sind klein, rund und haben innen schwarze Kerne. Mit diesen Kernen können die Kinder spielen, so ähnlich wie Billard. Vor dem Essen mussten wir diese Früchte zuerst schälen und entkernen. Dann erst durften wir sie essen.

Nach dem Essen sagte mein Vater lächelnd: "Zählen wir nun die Kerne und schauen, wer am meisten Kerne hat!" Ohne zu zählen waren wir der Meinung, dass meine Schwester den größten Haufen hatte. Wir lachten uns halb kaputt. Mein Vater meinte, dass wir so viel essen konnten, wie wir gerne wollten. Wenn wir aber irgendwo zu Gast waren, sollten wir nicht im Übermaß essen.

Machen wir nun einen Zeitsprung in die Gegenwart, bzw. nähere Vergangenheit: Wenn ich tagsüber nicht zu Hause bin, z.B. wegen eines theologischen Kurses, koche ich schon im Voraus für meine Kinder. Sie brauchen dann das Essen nur aufzuwärmen, nachdem sie von der Schule zurückkommen.

Bei einem Suppensonntag kochte ich eine Currysuppe. Der Erlös war für einen guten Zweck. An diesem Tag sagte mir eine Person, dass sie den Curry eigentlich nicht mag, dass ihr aber die Currysuppe wirklich gut schmeckte!

Currysuppe ist ein einfaches Gericht, das man bei jedem Anlass den Gästen anbieten kann. Sie werden nicht enttäuscht sein!

Currysuppe mit Truthahnfleisch

Zutaten:
- 500g Truthahnfleisch
- 4 Kartoffeln
- 4 Karotten
- 2 Zehen Knoblauch
- 2-3 Zwiebeln
- Salz, Pfeffer, Sojasoße o. Maggi
- 2 Teel. Currypulver
- ½ Teel. Peperonipulver
- Pflanzenöl o. Sesamöl
- 1 Dose Kokosmilch (Reformhaus)

Zubereitung:
Etwas Öl in einen Topf geben. Knoblauch und Zwiebeln schälen, waschen, fein hacken und dazugeben und goldgelb anrösten. Das Truthahnfleisch in kleine Stücke schneiden, in den Topf geben, umrühren, etwas Wasser dazugeben, zudecken und weiter kochen lassen. Karotten und Kartoffeln schälen, waschen und in Würfel schneiden. Zuerst die Karotten dazu geben und ¼ Stunde später die Kartoffeln, denn die Suppe soll nicht dickflüssig werden. Weiter kochen bis alle Zutaten weich gekocht sind. Zwischendurch etwas Wasser dazugeben. Dann mit Salz, Pfeffer und Sojasoße abschmecken. Anschließend Peperonipulver, Currypulver und Kokosmilch zusammenmischen und dazugeben. Kurz noch mal kochen, abschmecken, von der Herdstelle wegnehmen und heiß servieren.
Als Beilage eignen sich Reis oder Baguette.

Süßsaure, scharfe Fischsuppe

Zutaten:
- ½ frische Ananas
- 1 Frische Zitrone
- ca. 500 g Sojabohnenkeimlinge
- 500 g Fischfilet
- 300 g Garnelen
- Pflanzenöl
- Zucker
- 1 Zwiebel
- 6 Tomaten
- Knoblauchzehen
- 1 Bund Frühlingszwiebeln
- Chili-Soße
- Salz, Pfeffer, Sojasoße/Maggi
- Sesamöl

Zubereitung:
Die Ananas schälen (siehe Abbildung), vierteln, das harte Innere herausschneiden und den Rest in dünne Scheiben schneiden.
Die Sojabohnenkeime waschen und abtropfen lassen.
Die Frühlingszwiebeln putzen und klein schneiden. Die Tomaten waschen und achteln.
Den Fisch kurz waschen, in kleine Stücke schneiden mit etwas Salz, Pfeffer, Sojasoße und Sesamöl marinieren und auf einen Teller legen.
Die Garnelen bis auf die Schwanzflossen schälen, den Darm entfernen und kurz waschen, mit etwas Salz, Pfeffer, Sojasoße und Sesamöl marinieren und auf den Teller geben.
Die Zwiebeln und den Knoblauch fein hacken und im Wok mit etwas Öl goldbraun anrösten.
Dann den Fisch und die Garnelen dazugeben, anbraten und auf einen Teller geben.

Anschließend in einem Topf ca. 1,5 l Wasser oder Fleischbrühe zum kochen bringen, dann die Kochplatte auf mittlere Hitze zurückschalten.
Die Ananas, Frühlingszwiebeln, Sojabohnenkeime und Tomaten dazugeben, kurz kochen, dann die Garnelen und den Fisch dazugeben. Anschließend frisch gepressten Zitronensaft langsam einrühren, mit Salz, Pfeffer, Zucker, Sojasoße und Chili-Soße würzen, abschmecken und heiß servieren.
Als Beilage werden in Asien Reis oder Reisnudeln gegessen.

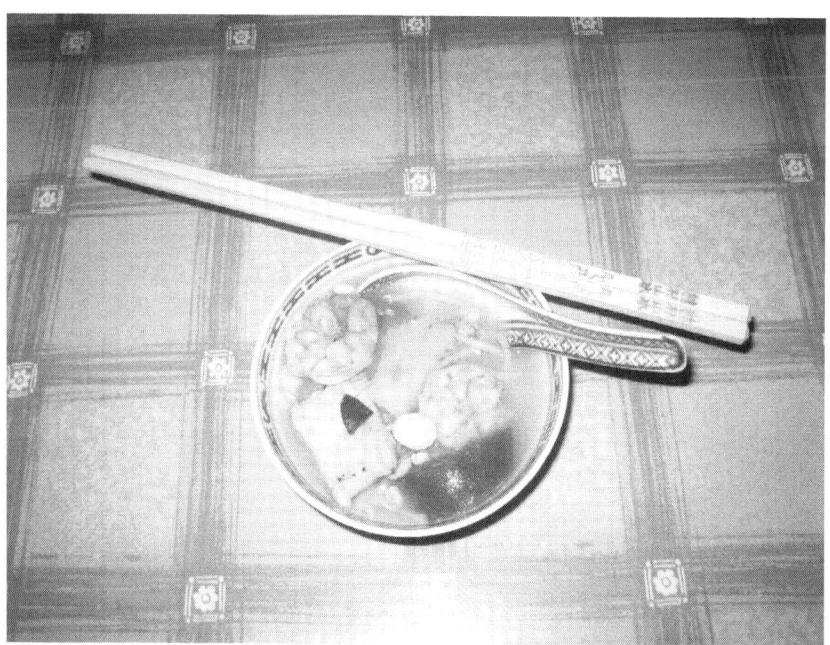

Draußen war es manchmal windig und kalt. Wenn wir von der Schule kamen, war das Essen immer schon fertig. Als Vorspeise bekamen wir eine warme süß-saure, scharfe Suppe. Schon an der Haustür konnte man dem Duft einfach nicht widerstehen: Die knackigen Sojabohnenkeimlinge, der süß-saure Geschmack von der Annanas, die frisch gefangenen Fische und Garnelen direkt vom Meer – einfach köstlich! Mit nichts auf dieser Welt hätten wir diese Suppe tauschen wollen.
Auch am Nachmittag hatten wir Schule. Trotz des Regenmantels und des Regenschirms wurden wir nach der Nachmittagschule platschnass. Bei so einem Wetter hatte man nämlich keine Chance trocken zu bleiben.
In der Pause der Nachmittagsschule spielten wir Ping Pong zu zweit, manchmal auch zu viert. Wir Mädchen wollten immer unbedingt gegen die Jungen gewinnen. Zuweilen gewannen wir auch. Darüber freuten wir uns sehr. Die Jungen waren aber nicht nachtragend, wenn sie mal verloren. Im Gegenteil, sie freuten sich, wenn auch wir mal gut waren.
Sie lobten uns gern. Ich glaube, ich wurde dabei immer ganz rot im Gesicht. Warum wusste ich auch nicht - das kann nur Gott verstehen.

Glasnudelsuppe mit Garnelen

Zutaten:
- 100g Glasnudeln
- 4-6 getrocknete chinesische Pilze
- 3 Frühlingszwiebeln
- Petersilie
- 12 Garnelen
- ca. 1 l Hühnerbrühe
- Salz, Pfeffer, Sojasoße o. Maggi

Zubereitung:
Die Glasnudeln und Pilze jeweils in einem Topf mit Wasser ca. 30 Min. einweichen.
Die Garnelen bis auf die Schwanzflossen schälen, den Darm entfernen und die Garnelen kurz waschen, dann mit einem Küchentuch abtrocknen. Mit etwas Salz, Pfeffer, Sojasoße und Sesamöl marinieren und auf einen Teller geben.
Inzwischen die Glasnudeln abtropfen lassen und kürzer schneiden. Die Pilze abtrocknen und in dünne Streifen schneiden, dann mit etwas Öl in der Pfanne kurz anbraten.
Die Frühlingszwiebeln und die Petersilie waschen und fein hacken. Anschließend ca. 1 Liter Hühnerbrühe zum Kochen bringen.
Die Glasnudeln und Pilze dazugeben und kurz kochen. Danach die Garnelen und die Frühlingszwiebeln dazugeben, mit Salz, Pfeffer und Sojasoße würzen, abschmecken und servieren.
Mit Petersilien garnieren.

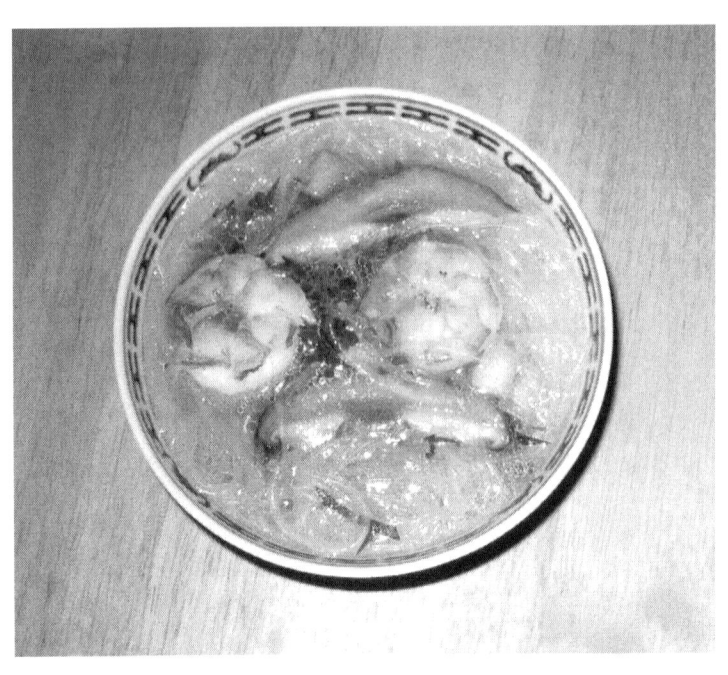

Zur Mahlzeit durfte die Suppe bei uns nicht fehlen. Ob Winter oder Sommer – wir aßen immer Suppe. Bei einer so guten Suppe noch dazu! – Wer kann da noch widerstehen? Außerdem wurde sie mit viel Liebe zubereitet.

Wenn es draußen dunkel und kalt war oder regnete, freuten wir uns sehr über eine warme Suppe. Wenn jemand von uns erkältet war, tat meine Mutter viele Frühlingszwiebeln in die Suppe rein. Meine Mutter erklärte mir, dass Zwiebeln ein Abwehrmittel gegen Erkältung wären. Die Europäer würden zur Stärkung der Abwehrkräfte in die Sauna gehen.

Ich kann mich noch gut daran erinnern, dass meine Mutter auch an manch heißen Nachmittagen diese Nudelsuppe kochte. Ein riesiger Topf für eine große Familie und für das Personal, das bei uns im Geschäft arbeitete. Der Grund, warum wir auch an so heißen Tagen eine Suppe aßen war, dass wir noch mehr schwitzten. Der dabei entstandene Flüssigkeitsverlust musste ausgeglichen werden. Nach dem Suppeessen fühlte man sich richtig wohl. Nicht umsonst bekamen wir eine warme Suppe oder Tee, wenn wir Fieber hatten.

Ich koche auch gerne Suppe – ob Sommer oder Winter. Flüssigkeitszufuhr ist nämlich sehr wichtig. Der Doktor sagt immer, dass man pro Tag zwei Liter trinken soll: Aber Flüssigkeit ist auch in verschiedenen Lebensmitteln vorhanden, wie Salat, Suppe und Milchprodukte.

Ein Professor erzählte einmal, dass er im Winter, als er unterwegs war, in ein Restaurant ging und eine Suppe bestellte. Welche Suppe war ihm unwichtig, Hauptsache eine Suppe. Nach dem Essen wurde ihm nämlich ganz warm. Suppe ist gesund und tut dem Körper gut.

2. Vorspeisen

Frühlingsrolle

Zutaten:
- 300 g Rinderhackfleisch
- 50 g Glasnudeln
- 20 g Morcheln
- 3 Karotten
- 1 Pckg. chinesischer Blätterteig
- 1-2 Knoblauchzehen
- ½ Zwiebel
- Sojasoße o. Maggi
- Pfeffer und Salz
- Sesamöl
- Pflanzenöl zum Frittieren

Zutaten für die Soße:
- 4 Essl. Sojasoße
- Frischgepresster Zitronensaft
- 2 Teel. Zucker
- Etwas scharfe Chilisoße
- ca. 1 Essl. gemahlene Erdnüsse
- 1 kleine Karotte, in kleine dünne Streifen geschnitten.

Zubereitung:
Den Blätterteig auftauen.
Die Glasnudeln 3 bis 5 Minuten in heißem Wasser kochen, abgießen, mit kaltem Wasser abschrecken und dann die Nudeln kurz schneiden.
Die Morcheln in einen Topf geben, kochendes Wasser darüber gießen und die Morcheln mindesten 30 Minuten aufquellen lassen.
Danach die Morcheln gründlich waschen und klein schneiden.
Die Karotte waschen, schälen und in dünne Streifen schneiden.
Den Knoblauch und die Zwiebel fein hacken.

Anschließend alle Zutaten in eine Schüssel mischen, würzen, abschmecken, löffelweise in den Blätterteig geben, Ränder einmal umschlagen. Beide Seiten nach innen falten und alles ganz einrollen, so dass eine lange Rolle entsteht. Mit geschlagenem Eigelb bestreichen und versiegeln. Jetzt das Öl erhitzen und die Frühlingsrollen darin ca. 3 bis 4 Minuten goldgelb frittieren.
Auf Küchenpapier abtropfen lassen und heiß servieren.

Dieses Gericht ist weltweit bekannt. Es schmeckt fast jedem Kind, aber auch den Erwachsenen sehr gut.

Am Wochenende gab es bei uns manchmal Frühlingsrollen. Davon bekamen wir nie genug. Wir hörten aber immer rechtzeitig auf, bevor uns der Bauch „platzte".

Heute gehören die Frühlingsrollen zu den Lieblingsgerichten meiner Kinder. Meine Tochter interessiert sich sehr für die chinesische Küche und fragt mich Löcher in den Bauch, bis sie versteht, wie man die Gerichte zubereitet. Das kommt mir bekannt vor, denn ich war selber mal so.

In der Schule kam mal der Nikolaus, der zu jedem was sagte, bevor er die Geschenke verteilte. Zu mir sagte er, dass ich in der Schule zwar sehr fleißig sei, aber mit meinen Fragen den Lehrern viele Löcher in den Bauch bohre.

Der Lehrer konnte aber die Fragen manchmal nicht beantworten. Denn "Nobody is perfekt. Keep smiling, Please!"

Frittierter Wan-Tan mit Tomatensoße

Zutaten:
- 500 g Wan-Tan-Teig
- 800 g Rinderhackfleisch
- 1 Zwiebel
- 2 Knoblauchzehen

Für die Soße:
- 1 kg Tomaten
- 1 Bund Basilikum
- 1 Zwiebel
- 1 Knoblauchzehe
- ½ Teel. Chilisoße
- Pflanzenöl, Salz, Pfeffer
- Zucker, Sojasoße, Sesamöl

Zubereitung:
Den Wan-Tan-Teig auftauen.
Die Zwiebel und den Knoblauch fein hacken. Davon die Hälfte mit etwas Salz, Pfeffer, Sojasoße und dem Fleisch zusammenmischen.
Danach kleine Kugeln formen und die Wan-Tan-Blätter rautenförmig ausgerichtet auf ein Brett legen. Jeweils eine Kugel in die Mitte der Wan-Tan-Blätter geben.
Die Ecken der Teigblätter nach oben klappen und zusammendrücken, sodass die Fleischkugeln im Teig eingeschlossen werden.
Anschließend die Wan-Tan-Taschen in heißem Öl frittieren.
Inzwischen die Tomaten im Wasser kochen, dann die Haut abziehen und in einem Küchengerät zerkleinern.
Etwas Öl im Wok heiß werden lassen und die andere Hälfte von Zwiebel und Knoblauch goldgelb anrösten.
Das Basilikum waschen und klein schneiden. Danach die Tomaten und das Basilikum dazugeben, mit etwas Salz, Pfeffer, Chilisoße und Zucker würzen, abschmecken und zum Wan-Tan servieren.

In der Regenzeit war es sehr kalt. Nachdem ich die Hausaufgaben fertig hatte, half ich meiner Mutter beim Kochen. Wir bereiteten die Wan-Tan-Taschen vor. Sie hatte immer wieder gute und neue Ideen beim Kochen. Sie machte z. B. den Vorschlag, eine pikante Soße mit Tomaten aus unserem Garten zu machen. Es war super lecker!
Wir machten noch einen Salat dazu. Die Soße für den Salat durfte ich selbst zubereiten.
Vor dem Essen sollte ich ein paar Wan-Tan-Taschen zu der Nachbarin bringen, weil sie uns das letzte Mal ein Currygericht gebracht hatte. Das war nicht schlecht!
Ich brachte die Taschen schnell zu ihr rüber und lief dann blitzschnell wieder zurück, denn die ganze Familie wartete schon auf mich. Stück für Stück tauchte ich die Wan-Tan-Taschen in die Soße. Mhmmm! Das war ein Leckerbissen! Und der Salat war auch gut. Mein Vater meinte, dass meine Mutter ihn gemacht hatte. „Nein, das war ich!", sagte ich ganz stolz, „Wir beide haben nämlich den gleichen Geschmack."
Tradition lernt man immer von Zuhause. Das Beisammensein war immer schön.

Tofu mit Tomatensoße – Vorspeise

Zutaten:
- 4 Stück Tofu
- 1 kg frische Tomaten
- 1 Bund frisches Basilikum oder Oregano
- 1 Zwiebel
- 3 Knoblauchzehen
- Salz, Pfeffer
- Sojasoße o. Maggi
- Sesamöl, Zucker
- Chilisoße
- Pflanzenöl zum Frittieren

Zubereitung:
Den Tofu in Würfel schneiden, danach in heißem Öl von allen Seiten goldgelb frittieren.
Die Zwiebel und die Knoblauchzehen schälen, waschen und fein hacken. Basilikum waschen und ebenfalls fein hacken. Die Tomaten in gekochtem Wasser sieden lassen. Die Tomaten absieben, mit kaltem Wasser abschrecken und anschließend die Haut abziehen. Nun die Tomaten mit einem Küchengerät zerkleinern.
Etwas Öl in einem Topf heiß werden lassen. Den fein gehackten Zwiebel und Knoblauch dazugeben und anrösten. Die Tomaten hinein geben, kurz kochen und mit Salz, Pfeffer, Sojasoße, etwas Zucker und Chilisoße je nach Geschmack würzen. Zum Schluss das Basilikum und etwas Sesamöl dazugeben. Vom Herd nehmen und in eine Schüssel geben.
Mit frittiertem Tofu servieren.

Ich kannte in meiner Kindheit keine Familie, in der man Tofu nicht mochte. Tofu hat einen neutralen Geschmack, deshalb passt er vor allem zu Fleisch, Gemüse und verschiedenen Soßen. Er ist als Vorspeise, Hauptspeise und auch als kleine Häppchen für zwischendurch geeignet.
An einem Sonntagnachmittag machte meine Klasse einen Fahrradausflug. Als die meisten unserer Klasse erschöpft waren, entschieden sich die Lehrpersonen für eine kleine Pause.
Wir gingen in ein kleines Lokal, um neue Kraft zu tanken.
Zum Trinken gab es Zuckerrohr- oder Kokosmilchgetränke. Zum Essen gab es verschiedene fleischlose Gerichte. Wir wollten diese Gerichte probieren und stellten fest, dass bei fast jedem Gericht Tofu dabei war. Später erfuhren wir, dass dieses Lokal auf fleischlose Gerichte spezialisiert war. Die Zubereitung solcher Gerichte ist einfach und trotzdem sind sie sehr schmackhaft.
Nach der Pause im Lokal fuhren wir zu unserem Ausflugsziel weiter. Dort gab es viele Obstbäume. Während der Fahrt hatte ich auch mehrmals welche gesehen. Die meisten von uns waren wieder hungrig und deshalb kamen wir schnell auf die Idee, ein paar Früchte von einem der Obstbäume zu pflücken Der Baum war aber zu hoch für mich und klettern konnte ich auch nicht so gut. Ein paar meiner Schulkollegen konnten aber sehr gut klettern. Sie waren auch so nett und gaben mir einige Früchte. Das war eine nette Kameradschaft! Wir sangen noch einige Lieder und danach machten wir uns auf den Weg nach Hause. Dieser Ausflug war ein tolles Erlebnis.
Als ich zu Hause ankam, war meine Mutter mit dem Essen schon fertig. Da war ich sehr froh, denn ich hatte einen Bärenhunger.

3. Hauptspeisen

a. Fischgerichte

Platte mit Fisch, Reisnudeln und Salat

Zutaten:
- 800g Seelachsfilet oder auch einen anderen Fisch
- 3 Eier
- 8 Eßl. Mehl
- 8 Eßl. Milch
- 1 Teel. Salz
- 1 Teel. Pfeffer
- Sojasoße
- 1 Pckg. Reisnudeln

Zubereitung:
Die Nudeln ca. 30 Minuten im Wasser einweichen. Danach absieben, in einem Topf mit siedendem Wasser kurz kochen und erneut absieben.
Den Fisch kurz waschen und in kleine Stücke schneiden, mit etwas Salz, Pfeffer, Sojasoße und Maggi abschmecken.
Das Öl erhitzen. Den Fisch stückweise darin goldgelb frittieren. Auf Küchenpapier abtropfen lassen und auf einen Teller geben. Zum Abschluss mit Nudeln, Salat und Soße servieren.

Mein Vorschlag: Fisch und Reisnudeln sollten lauwarm serviert werden.

Zutaten für den Salat:
- 200g Sojabohnenkeime
- 2 kleine Karotten
- 1 kleine Gurke
- 1 Bund frische Pfefferminze
- ½ Kopfsalat
- 1 Bund Petersilie

Zubereitung des Salates:
Die Sojabohnenkeime waschen. Dann in kochendem Wasser kurz kochen, absieben und abtropfen lassen.
Die Karotten und die Gurke waschen, schälen, in dünne Streifen schneiden. Den Salat, die Pfefferminze und die Petersilie waschen und abtropfen lassen.
Die Pfefferminze und Petersilie kurz schneiden. Den Salat in dünne Streifen schneiden.
Die Gurke schälen, das Innere herausnehmen und den Rest in Streifen oder in Scheiben schneiden.

Zutaten für die Soße:
- 8 Essl. Sojasoße
- 1 Zitrone
- 50g Erdnüsse
- 2 Essl. Essig
- 2 Essl. Wasser
- 2 Teel. Chili-Soße
- 3 Teel. Zucker

Zubereitung der Soße:
Alle Zutaten zusammenmischen, abschmecken, etwas fein gemahlene Erdnüsse und dünne Karottenstreifen dazugeben. Die restlichen Erdnüsse mittelgrob mahlen und beim Servieren auf die Nudeln streuen.
Die Soße wird individuell, je nach Geschmack zubereitet. Es hängt davon ab, ob Sie lieber saure Soße, scharfe Soße oder süße Soße haben wollen. Sie können dementsprechend die Soße mischen und verfeinern.

Wenn wir am Sonntag Besuch hatten, machte meine Mutter oft dieses Gericht. Wir kochten es aber auch sonst manchmal, wenn wir keinen Besuch hatten.

Die Zubereitung war etwas aufwändiger als bei den anderen Gerichten, aber es lohnte sich. Gelegentlich tauschten wir mit unseren Verwandten und Bekannten die Vorgangsweise für die Zubereitung dieses Gerichts aus, denn jeder macht dieses Gericht etwas anders.

Wir brauchten nicht viel zu kaufen. Salat, Gemüse und Zitronen nahmen wir vom Garten.

Ich kann mich aber noch gut daran erinnern, dass meine Mutter die Fische direkt vom Fischer gekauft hat, der gerade vom Meer kam. Jeder von uns half unserer Mutter beim kochen, damit es schneller ging.

Nach dem Essen konnten wir es kaum erwarten bis unsere Tante kam. Am Nachmittag besichtigten wir mit ihr nämlich verschiedene Sehenswürdigkeiten.

Unterwegs ging ein Glas ihrer Brille verloren und deshalb fragte sie, warum es an diesem Tag so windig wäre. Meine Mutter sagte zu unserem Chauffeur, dass er langsamer fahren sollte. In diesem Augenblick sah meine Mutter, dass ein Glas von Tante´s Brille fehlte. Darüber lachten wir uns kaputt.

Dieses Gericht ist auch heute ein Lieblingsgericht meiner Familie. Wir lassen uns beim Essen Zeit und genießen es. Essen will gelernt sein. Ich lebe schon mehr als ein viertel Jahrhundert in Europa. Ich habe die Sprache, Kultur, Sitten und Bräuche anderer kennen gelernt. Aber meine Kultur möchte ich auch weiter pflegen und meinen Kindern weitergeben. Sie sollen zumindest die Kultur kennen und verstehen; vor allem sollen sie etwas über meinen Stammbaum wissen.

Wenn die Kinder von der Schule nach Hause kommen, erraten sie oft schon an der Tür, was es zum Mittagessen gibt.
Sich freuen auf das Essen; das gehört zu einer gesunden Ernährung dazu.
„Glücklich sein heißt, sich auf kleine Dinge freuen und den Augenblick genießen können!", hatte mein Lehrer uns bei einer Exkursion gesagt.

Frittierter Fisch mit süß-saurer, scharfer Soße

Zutaten:
- 500g Fisch
- Salz, Pfeffer
- Sojasoße, Maggi
- Pflanzenöl zum Frittieren

Teig:
- 3 Eier
- 4 Essl. Mehl
- 4 Essl. Wasser oder Milch

Für die Soße:
- 1 Teel. Currypulver
- 1 Essl. Kartoffelmehl
- ca. ¼ l Wasser
- 4 Essl. Essig
- 1 Teel. Chilisoße
- Salz, Pfeffer
- 2 Teel. Zucker
- Sojasoße / Maggi

Zubereitung:
Den Fisch kurz waschen und in Stücke schneiden, mit etwas Salz, Pfeffer, Sojasoße und Maggi marinieren.
Eier, Mehl und Wasser (oder Milch) in eine Schüssel geben. Alles zusammen mit der Maschine zu einem Teig mischen.
Den Fisch dazu geben, noch einmal umrühren. Evtl. mit Salz, Pfeffer, Sojasoße abschmecken.
Das Öl erhitzen. Den Fisch stückweise darin goldgelb frittieren. Auf Küchenpapier abtropfen lassen, mit Petersilie dekorieren und heiß servieren.
Nun alle Zutaten der Soße in einen Topf geben, zusammenmischen und unter ständigem Umrühren bei mittlerer Hitze zum Kochen bringen.
In eine kleine Soßenschüssel geben und zum Fisch servieren.

Die Fischer kamen direkt vom Meer zu uns in die Stadt, um ihre Fische zu verkaufen.
Wir kauften sie immer von ihnen, da ihre Fische viel frischer und zarter waren, als die im Supermarkt.
Die frittierten Fische von meiner Mutter schmeckten einfach fantastisch! Und mit der von ihr mit viel Kunst zusammen gemischten süß-sauren, scharfen Soße war dieses Gericht einfach unwiderstehlich!
Mich interessierte schon als kleines Mädchen, wie man einen Fisch zubereitet. Meine Mutter freute sich, dass ich mich dafür so interessierte und brachte mir sehr gerne bei, wie man Fischgerichte zubereitet. Sie erklärte mir, das man zuerst die Schuppen entfernen muss. Dann müssen die Innereien herausgenommen und die Kiemen entfernt werden. Und wenn das alles gemacht ist, kann man den Fisch frittieren.
Manchmal hatten sie einen dicken Bauch. Solche Vielfraße! Wenn ich meiner Mutter manchmal beim Zubereiten der Fische half, sah ich, dass in manchem Magen noch kleine Krabben waren. Wie es in der Natur nun mal ist: „Fressen oder gefressen werden!" So lautet das Naturgesetzt.
Wir aßen sehr gerne Fisch - und die Katze von nebenan auch. Sie lauerte immer bei uns herum und wartete auf eine gute Gelegenheit. Aber sie hatte Pech! Wir speisten immer sofort, nachdem das Essen fertig gekocht war. Aber manchmal bekam sie von uns einige kleine Leckerbissen.

Bei einem Kochkurs kochte ich für Fischfreunde Meeresfrüchte und Fisch. Ein Teilnehmer sagte, dass dies seit 20 Jahren das beste Fischgericht war, das er gegessen hat. Dies war ein wirklich großes Kompliment für mich.
Meine Kinder mögen auch sehr gerne Fisch. Sie schauen gerne zu, wie ich den Fisch zubereite. Und auch wie man den Fisch richtig isst! Essen will nämlich gelernt sein!

Tintenfisch mit Ananas

Zutaten:
- 500 g Tintenfisch
- 1 frische Ananas
- 1 Bund Frühlingszwiebeln
- ½ Zwiebel
- 3 Essl. Pflanzenöl
- Salz, Pfeffer,
- Sojasoße, und Zucker
- Sesamöl

Zubereitung:
Den Tintenfisch ausnehmen, waschen, auseinander schneiden, ein kariertes Muster in die Innenseite schneiden und anschließend in ca. 3 cm große Stücke schräg schneiden.
Die Ananas schälen (siehe Abbildung), vierteln, das harte Innere herausschneiden und den Rest in dünne Scheiben schneiden.
Die Frühlingszwiebeln waschen und in ca. 4 cm große Stücke schneiden.
Die Zwiebel und den Knoblauch fein hacken und in einer Pfanne mit heißem Öl anrösten, den Tintenfisch dazugeben und ca. 2 bis 3 Minuten braten. Den fertig gebratenen Tintenfisch auf einen Teller geben.
Die Frühlingszwiebeln dazugeben und kurz braten.
Die Ananas und Frühlingszwiebeln mit Tintenfisch vermischen, mit etwas Salz, Pfeffer, Sesamöl, Zucker und Sojasoße abschmecken, dann die Pfanne von der Herdstelle nehmen.
Der Tintenfisch wird mit Reis als Beilage serviert.
Wer es gerne scharf mag, kann etwas Chili-Soße dazugeben.

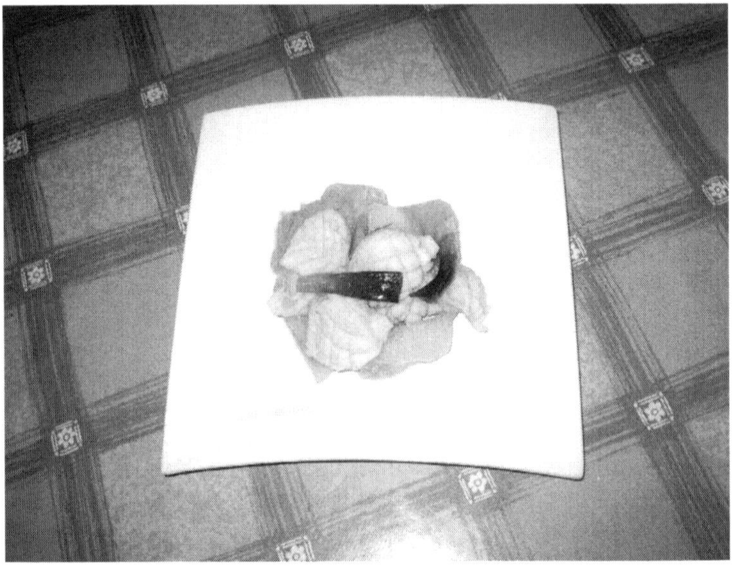

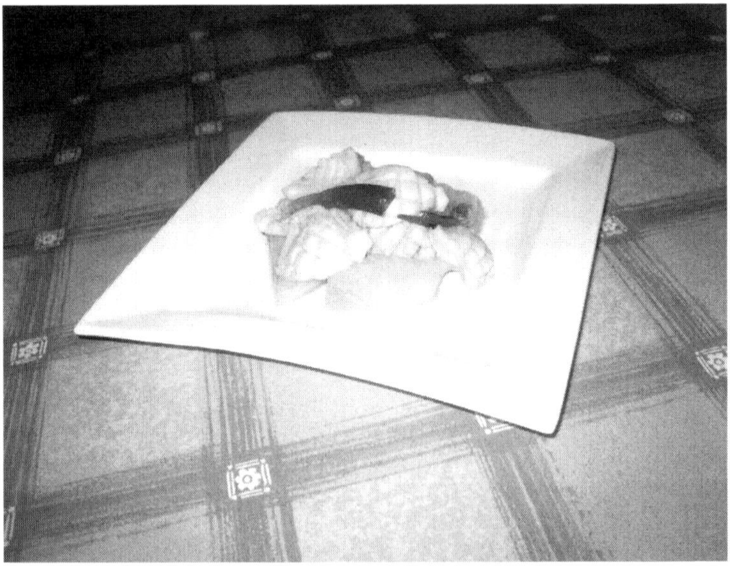

Es gab bei uns so viele Tintenfische, dass die Leute auf die Idee kamen, die Tintenfische in der Sonne trocknen zu lassen. Auch getrocknet kann man sie wie frische Tintenfische zubereiten.

In manch kleinem Lokal werden die Tintenfische oft gegrillt. Mit einem Bier oder anderen Erfrischungsgetränken dazu, schmecken sie genauso gut wie frische Tintenfische. An heißen Tagen eignet sich dieses Gericht sehr gut als Vorspeise. Es ist aber auch für zwischendurch geeignet, um mit den Kollegen eine Pause einzulegen und zu plaudern.

Am Abend hatten die Leute mehr Zeit. Sie gingen aus, um sich mit Freunden zu treffen. Es gab eine ganze Menge Angebote an verschiedenen Gerichten, aber auch leckeren Knabberhäppchen. Darunter gab es frische oder getrocknete Tintenfische, die gegrillt wurden. Dazu trank man Zuckerrohrsaft, Bier oder andere Erfrischungsgetränke.

Das Beisammensein mit Freunden und Kollegen stand vor allem im Vordergrund. Man brauchte wirklich nicht viel, um fröhlich zu sein. Wir hatten immer viel Gesprächstoff. Auch in der Familie saßen wir oft beisammen und grillten gemeinsam. Mein Vater erzählte uns gerne Geschichten darüber, wie es früher war. Beim Essen unterhielten wir uns immer und lachten viel. Diese Geschichten sind auch heute noch in meiner Erinnerung. Es sind wertvolle Erinnerungen, die man nie im Leben vergisst.

Frittierte Krabben mit Mandeln

Zutaten:
- 500 g Krabben
- 1 Teel. Backpulver
- 1 Essl. Kartoffelmehl
- 1 Essl. Sojasoße
- 4 Knoblauchzehen
- Sesamöl
- Salz, Pfeffer
- Pflanzenöl zum Frittieren

Zum Wälzen:
- 200 g Mandelblätter

Zubereitung:
Die Krabben bis auf die Schwanzflossen schälen und den Darm entfernen. Danach die Krabben kurz waschen, mit etwas Salz, Pfeffer, Soja-Soße und Sesamöl marinieren und auf einen Teller legen.
Den Knoblauch fein hacken.
Alle Zutaten zusammenmischen und in einer Küchenmaschine fein schneiden.
Dann ca. 30 Min. im Kühlschrank kühlen.
Anschließend aus der Masse kleine Kugeln formen.
(Durchmesser ca. 3 bis 4 cm).
Öl für das Frittieren erhitzen, dann den Herd auf mittlere Stufe zurückschalten.
Die Krabbenkugeln in den Mandelblättern wälzen und frittieren.
Als Beilage eignet sich Baguette oder Reis mit Salat.

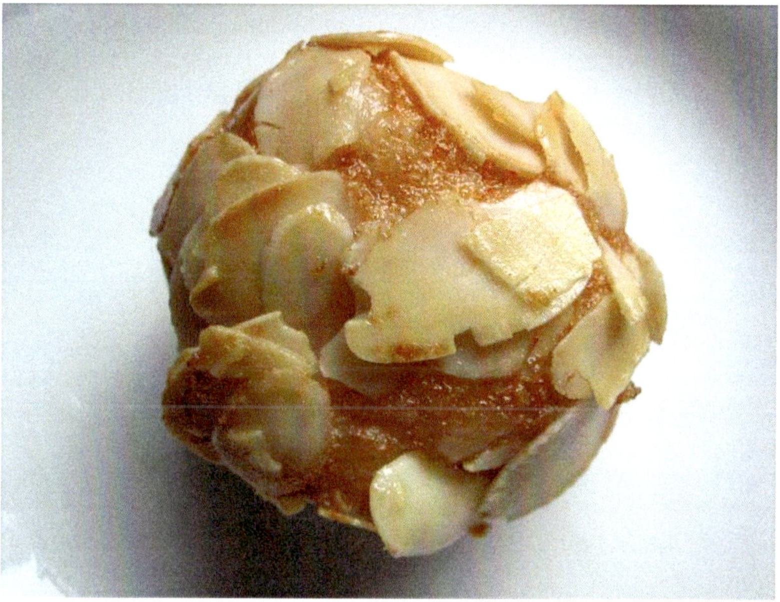

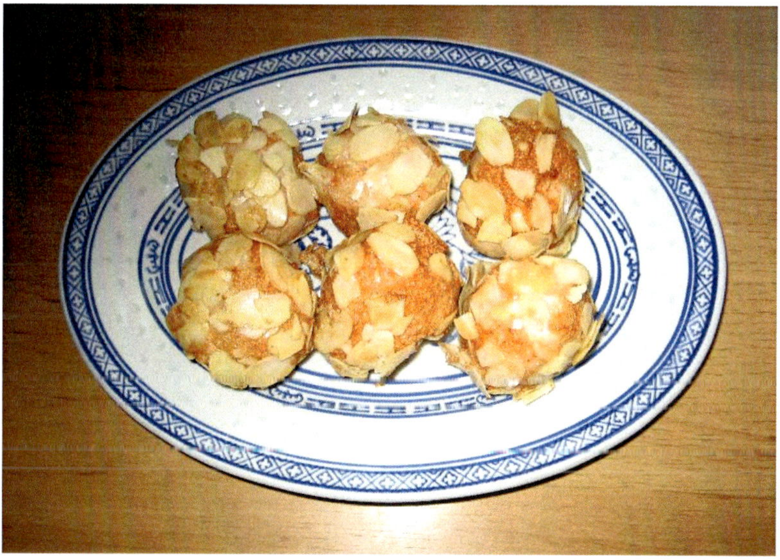

Dieses Gericht kocht man vorzugsweise im Sommer und dazu passt sehr gut Salat. Denn viele Familien haben in dieser Jahreszeit selbst Salat im Garten. Bei all jenen, die gerne kochen, grillen und Freunde einladen, genießen und plaudern, ist das ein beliebtes Gericht.

Ich freute mich immer, wenn ich vom Basketballtraining nach Hause kam. Der köstliche Duft stieg mir schon von weitem in die Nase. Deshalb verabschiedete ich mich schnell von meinen Schulkollegen und verschwand ins Haus. Dort wartete schon meine Familie auf mich am Tisch.

Nach dem Abendessen verabschiedete ich mich von meiner Familie und ging zu einer Familie, deren zwei Söhne von mir Englisch im Voraus lernen wollten. Die Kusine von diesen zwei Jungen nahm auch am Unterricht teil.

Sie waren sehr wissensdurstig und lernbegierig. Aber der jüngere der beiden Brüder hatte weniger Interesse am Lernen. Deshalb fragte ich ihn, was er gerne tun mochte. „Märchengeschichten hören" antwortete er.

Ich schlug vor, dass er zuerst die Hausaufgaben machen sollte und ich ihm die gewünschte Geschichte nachher erzählen würde. Dies klappte fürs erste ganz gut.

Aber dann wollte er noch mehr Geschichten hören und ich musste ihm leider sagen, dass mir keine Geschichte mehr einfiel. Plötzlich verschwand er und kam später mit einem Stapel Märchengeschichte-Bücher wieder. Ich kann mich noch gut erinnern, was er damals sagte: „Hier! Die Bücher kannst du lesen und mir dann erzählen."

Darauf antwortete ich: „Das geht leider nicht, denn deine Mama wird damit sicher nicht einverstanden sein. Ich sollte euch nämlich Englisch unterrichten und nicht Märchengeschichte erzählen." Auf einmal war er sehr traurig. Da er mir so leid tat, sagte ich: „Ich habe eine Idee. Während ich die Geschichten durchlese, machst du die Aufgaben, die du noch nicht gemacht hast, und am Ende der Stunde erzähle ich dir Geschichten. Anschließend lernen wir aber heute noch eine neue Lektion dazu, einverstanden?" Wir waren uns alle einig.

Eines Tages bedankte sich seine Mutter bei mir, dass ich es geschafft hatte, den kleinen Jungen zum Lernen zu bringen. Meine Vorgängerin wusste nämlich nicht, was sie mit ihm anfangen sollte.

Zu Hause machte ich mir einen heißen Zitronensaft gegen die Heiserkeit. Vor lauter erklären und erzählen hatte ich fast keine Stimme mehr. Mein Vater sagte zu mir lächelnd: „Nicht so einfach, Geld zu verdienen, nicht wahr?" „Ja, aber es macht mir Spaß!", antwortete ich. „Heute, unterwegs nach Hause, traf ich den Direktor. Er wollte unbedingt wissen, was ich nebenbei tue. Ich erzählte ihm, dass ich drei Kinder privat unterrichtete. Er freute sich für mich und sagte, dass es eine gute Idee sei, neben dem Lernen auch zu praktizieren. Dabei könne man sehr viele Erfahrungen sammeln. Er hat mir weiterhin alles Gute gewünscht. Vor dem Verabschieden beichtete er mir noch, dass er schon von dir gehört hatte, was ich nebenbei mache, dass er dir aber alles aus der Nase herausziehen musste." Mein Vater lachte ganz herzlich, als er das hörte. Wir lachten auch alle mit.

Gebratener chinesischer Reis mit Garnelen

Zutaten:
- 400 g Reis
- 350 g Krabben
- 1 Bund Frühlingszwiebeln
- 1 kleinen Kohlrabi
- 2 kleine Karotten
- 2 kleine Paprikaschoten (rot und grün)
- 3 Essl. Öl
- 2 Knoblauchzehen
- Salz, Pfeffer, Sojasoße/Maggi

Zubereitung:
Den Reis kochen (sobald das Wasser kocht, auf kleinere Hitze zurückschalten).
Inzwischen das Gemüse waschen. Den Kohlrabi und die Paprikaschoten in ca. 1 cm große Würfel schneiden.
Die Frühlingszwiebeln in dünne Scheiben schneiden.
In die Karotten jeweils etwa 4 Kerben längs einschneiden. Dann die Karotten in dünne Scheiben schneiden.
Den Knoblauch fein hacken und in einer Pfanne mit heißem Öl goldbraun anrösten und die Krabben dazugeben.
Mit etwas Salz, Pfeffer, Sojasoße kurz braten.
Die fertig gebratenen Krabben auf einen Teller geben.
In der Pfanne etwas Öl heiß werden lassen und das Gemüse mit etwas Salz, Pfeffer und Sojasoße dazugeben. Ab und zu umrühren.
Anschließend die Krabben und den Reis mit dem Gemüse vermischen, abschmecken und auf einem großen Teller heiß servieren.

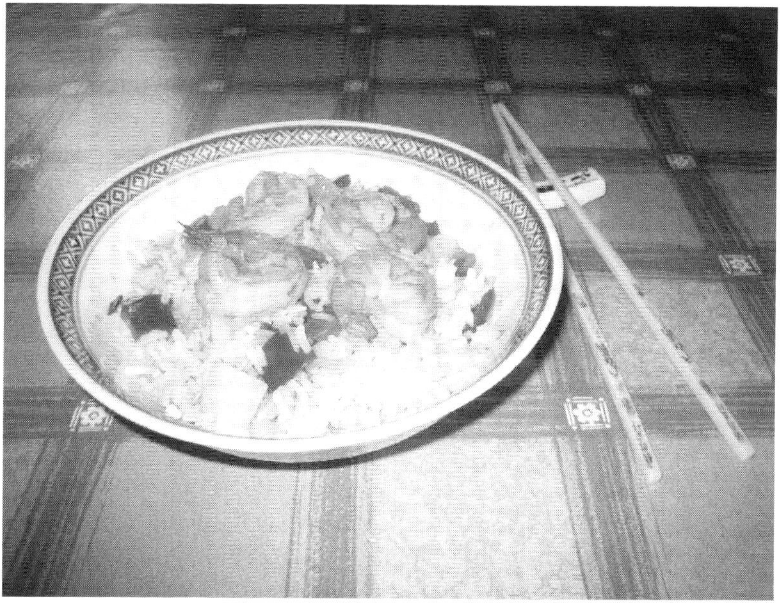

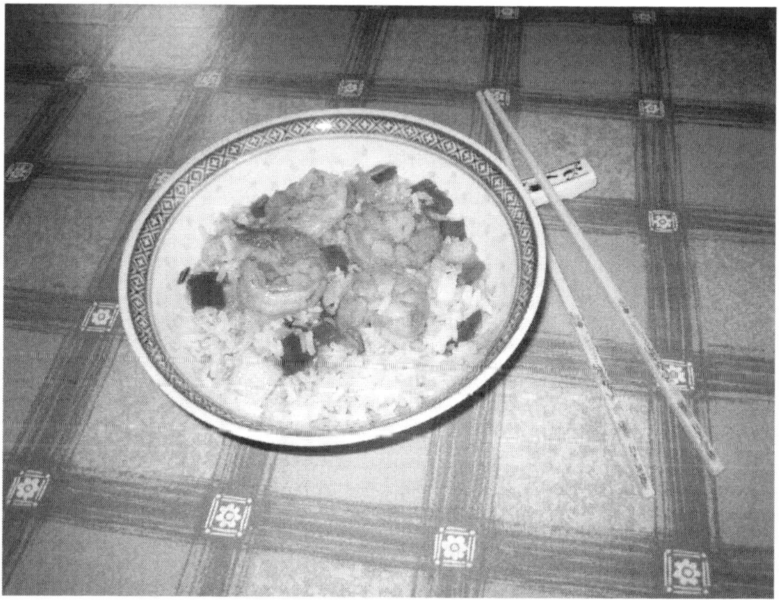

Zu Hause kochten wir zur Abwechslung gebratenen Reis mit Krabben und Gemüse. Es ist ein einfaches Gericht und schmeckt auch sehr gut. Anstatt mit Krabben oder Fisch kochte meine Mutter dieses Gericht auch mit Fleisch.

Mein Vater erzählte uns beim Essen viele Geschichten, unter anderem auch lehrreiche Geschichten die einen und zum Nachdenken brachten. Er lehrte uns nämlich immer, dass wir in guten Zeiten sparen sollten, damit wir in schlechten Zeiten einen Vorrat hätten.

Eine dieser Geschichten will ich hier weitererzählen:

Es war einmal ein reicher Mann. Er warf nach dem Essen viel weg. Doch wegen einer Naturkatastrophe hatte er nicht nur eine schlechte Ernte, sondern auch sein Hab und Gut verloren.

Ein alter Mönch hatte Mitleid mit ihm und gab ihm etwas Reis zu essen. Der ehemals reiche Mann bedankte sich und fragte neugierig: „Woher haben Sie so viel Reis, dass Sie sogar in der schlechten Zeit mir etwas abgeben können?" Der Mönch antwortete: "Das ist ihr Reis, den Sie in den guten Zeiten jeden Tag in den Bach geworfen hatten! Ich wusch damals mein Geschirr etwas weiter den Bach abwärts und sah den Reis. Ich kam auf die Idee, Ihren Reis herauszuschöpfen und ihn trocknen zu lassen, denn es mochten vielleicht schlechte Zeiten kommen."

Was der Mönch ihm gerade erzählt hatte, war für den Mann eine große Lehre und er bereute sehr, was er gemacht hatte. Wenn er nämlich sparsam gewesen wäre, hätte er auch in der Not genug zum Essen gehabt und wäre nicht auf die Hilfe des Mönches angewiesen gewesen.

Gebratene Krabben

Zutaten:
- 1 kg Krabben
- 5 Stangen Zitronengras
- 1 Zwiebel
- 4 Knoblauchzehen
- 1 Frische Chilischote oder Chilisoße
- Salz, Pfeffer, Sesamöl
- Sojasoße/Maggi
- Pflanzenöl

Zubereitung:
Die Krabben bis auf die Schwanzflossen schälen und den Darm entfernen. Danach die Krabben kurz waschen, mit etwas Salz, Pfeffer, Soja-Soße und Sesamöl marinieren.

Das härtere und äußerliche Zitronengras schälen, beide Seiten wegschneiden, nur die zarten Blätter behalten, waschen, in dünne Scheiben schneiden und anschließend fein hacken.

Die Zwiebel und den Knoblauch schälen, waschen und ebenfalls fein hacken.

Jetzt die Chilischoten waschen und in kleine Stück schneiden.

Öl im Wok erhitzen. Zwiebel, Knoblauch und Zitronengras hinzufügen, unterrühren und goldgelb anrösten. Nun die Krabben und Chilischote dazugeben, umrühren und garen lassen. Mit etwas Sesamöl, Sojasoße, Salz und Pfeffer zusätzlich würzen und abschmecken. Anschließend auf einem Teller servieren.

Als Beilage eignet sich Reis oder Baguette und Salat.

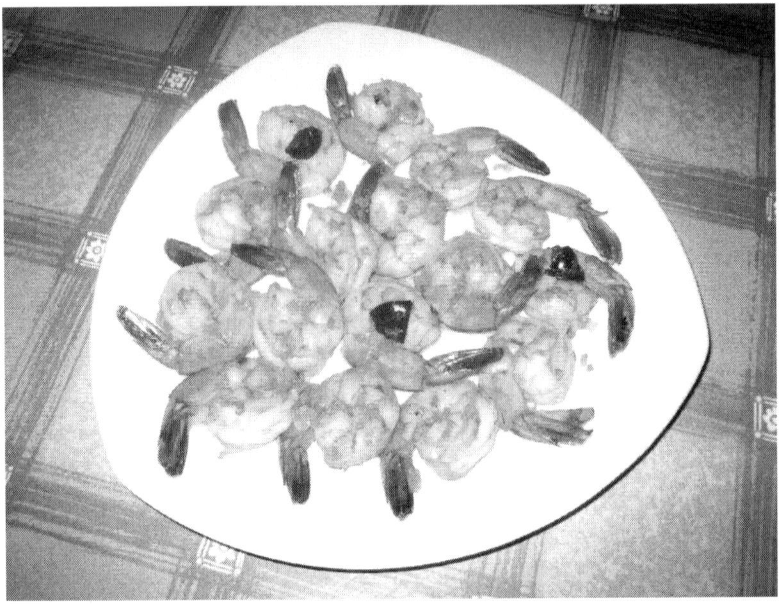

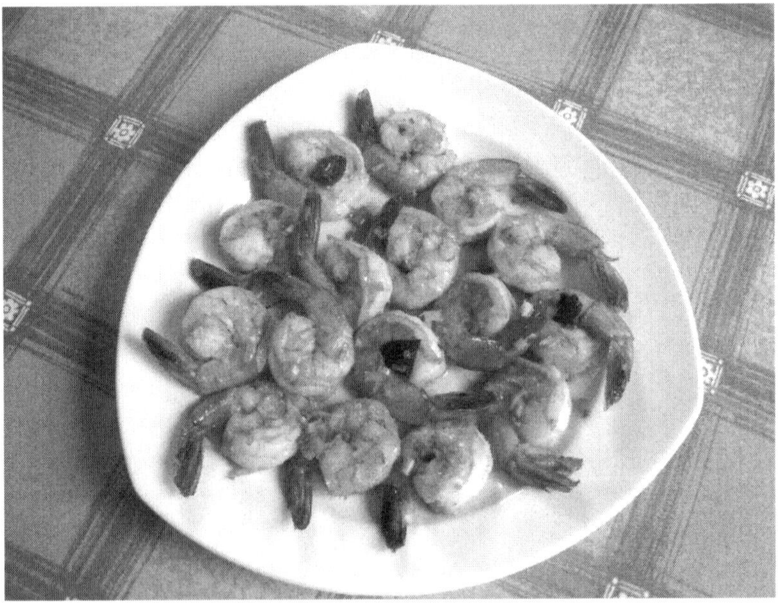

Im Sommer fuhren wir ans Meer. Zu Mittag gab es immer Fisch, Krabben oder Meeresfrüchte direkt vom Meer. Wir hatten immer einen gesunden Appetit, denn Meeresluft macht hungrig. Im Laufe des Urlaubs entstand eine Freundschaft unter den Kindern. Wir verbrachten oft gemeinsam die Nachmittage. Eine unserer Lieblingsbeschäftigungen war das Bauen von Sandburgen und das Formen von Sandkuchen am Strand, die wir noch lange nach Sonnenuntergang betrachteten.

Ich kann mich noch gut daran erinnern, wie romantisch ein Spaziergang mit meiner Schwester in der Morgendämmerung war. Ich fühlte mich so frei. Wir erzählten uns gegenseitig Erlebnisse, die sich im Laufe der Schulzeit ergeben hatten. Noch beim Erzählen fühlte ich die Schmetterlinge im Bauch.

Bevor wir nach Hause fuhren, kaufte meine Mutter noch Meeresfrüchte. Sie briet sie schnell an, damit die Meeresfrüchte gar waren. Gegart halten sie nämlich länger. Zu Hause angekommen, speisten wir mit Genuss die mitgenommenen Meeresfrüchte. Beim Essen schossen mir die schönen Erinnerungen vom Urlaub wieder durch den Kopf. Die restlichen Sommerferien genoss ich aber weiterhin daheim.

Gebratene Glasnudeln mit Garnelen und chinesische getrocknete Pilze

Zutaten:
- 500g Glasnudeln
- 1 Kg Garnelen
- 10 chinesische getrocknete Pilze
- 3 Knoblauchzehen
- 1 kleine Zwiebel
- 1 Bund Frühlingszwiebeln
- 1 Selleriestange
- Sojasoße/Maggi
- Sesamöl
- Pflanzenöl
- Salz, Pfeffer

Zubereitung:

Die Glasnudeln in einem Topf mit warmem Wasser ca. 30 Min. einweichen und die Nudeln etwas kürzer schneiden. Danach in kochendem Wasser kurz kochen und in ein Sieb geben, mit kaltem Wasser abschrecken und abtropfen lassen.

Die chinesischen Pilze in einem Topf mit warmem Wasser ca. 30 Minuten einweichen und quellen lassen. Dann mit der Hand auspressen, in Streifen schneiden und auf den Teller geben.

Die Garnelen bis auf die Schwanzflossen schälen und den Darm entfernen. Danach die Garnelen kurz waschen, mit etwas Salz, Pfeffer, Soja-Soße und Sesamöl marinieren und auf einen Teller legen.

Die Frühlingszwiebeln und Selleriestangen waschen, putzen und in dünne Scheiben schneiden.

Den Knoblauch und die Zwiebeln ebenfalls schälen, waschen, fein hacken und im Wok mit Öl goldgelb anrösten. Die Pilze dazu geben und anbraten. Anschließend die Garnelen hinzufügen und umrühren bis sie gar sind. Nun die Frühlingszwiebeln und den Sellerie dazugeben, kurz anbraten und auf einen Teller geben.

Noch etwas Öl in den Wok gießen, die Glasnudeln dazugeben und kurz anbraten. Die restlichen Zutaten dazumischen. Das Ganze mit etwas Salz, Pfeffer, Sojasoße und Sesamöl würzen, abschmecken und servieren.

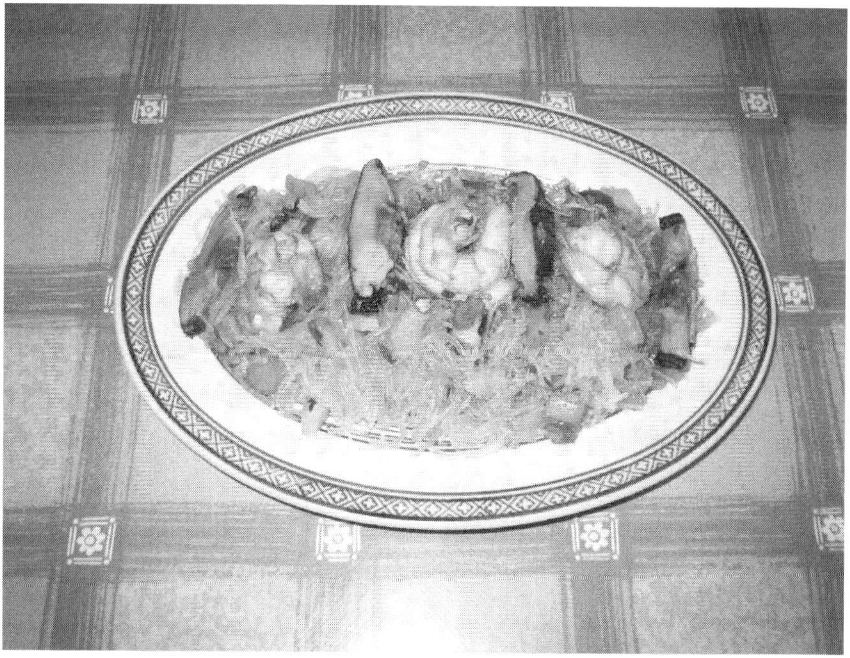

Nudelgerichte gibt es bei uns jeden Tag als Vorspeise, als Hauptspeise, zur Marende und auch zwischendurch essen wir gerne Nudeln. Es gibt verschiedene Nudeln: Eiernudeln, Reisnudeln und Glasnudeln – alles, was das Herz begehrt.

Wir hatten nie einen großen Aufwand, um die Zutaten für dieses Gericht zu besorgen.

Die Garnelen kauften wir von den Fischern direkt vom Meer. Sie waren noch lebendig und sprangen herum.

Das Gemüse hatten wir im Garten. Die Pilze kauften wir beim Nachbar-Geschäft. Die Sojasoße machte meine Mutter selbst, denn wir hatten viel Sonne. Ohne die Wärme der Sonne würde die Soße nämlich nicht gelingen.

Meine Mutter verschenkte vieles auch gerne an die Verwandten, Freunde und Nachbarn.

Sie waren begeistert und freuten sich immer sehr. An Festtagen war es nämlich bei uns der Brauch, uns gegenseitig Speisen verschenkten. Die Nachbarschaftshilfe wird bei uns sehr groß geschrieben. Wir hatten sie auch geschätzt und waren dafür sehr dankbar.

Am Abend trafen wir uns manchmal mit Freunden: Wir gingen zusammen ins Theater und aßen anschließend Nudelgerichte. Es war eine schöne Stimmung zu essen und zu plaudern.

Aber die beste Köchin ist und bleibt immer noch meine Mutter!

Meine Mutter kann übrigens sehr gut singen. Ich habe auch viel Freude am Singen. Schon als Kind sang ich sehr gerne. Das ist mir bis heute geblieben, denn vor einigen Jahren absolvierte ich an der Musikschule Sterzing die dreijährige Ausbildung zum Chorgesang und nun bin ich Mitglied im Jaufentaler Kirchenchor. Außerdem bin ich in einer Singgruppe in Sterzing, welche von Schwester Sieglinde geleitet wird. Das Singen in dieser Gruppe macht mir viel Freude. Wir hatten auch eine kleine „Tournee", wie zum Beispiel nach Naturns und zu anderen Ortschaften in Südtirol.

Nudeln mit Garnelen nach chinesischer Art

Zutaten:
- 250g chinesische Bandnudeln
- 500g Garnelen
- ¼ l Hühnerbrühe/Fleischbrühe
- 200g Sojabohnensprossen
- 1 Bund klein geschnittene Frühlingszwiebeln
- 2 Knoblauchzehen
- Sojasoße, Maggi
- Sesamöl
- Etwas Chilisoße
- Pflanzöl zum braten
- 2 Sellerie-Stangen
- Koriander oder Petersilie zum Garnieren

Zubereitung:
Die Garnelen bis auf die Schwanzflossen schälen und den Darm entfernen. Die Garnelen kurz waschen, dann mit etwas Salz, Sojasoße, Pfeffer und Sesamöl marinieren.
Die Sojabohnensprossen waschen und abtropfen lassen.
Die Frühlingszwiebeln und den Sellerie waschen und klein schneiden.
Die Nudeln in einem großen Topf mit sprudelnd kochendem Wasser ca. 10 bis 15 Minuten kochen, abtropfen lassen und auf eine Schüssel geben.
Pflanzenöl im Wok erhitzen und leicht kreisen lassen, bis es den Boden und die Wände bedeckt. Den Knoblauch hinzufügen und unter ständigem Rühren goldgelb braten. Die Garnelen hinzufügen, umrühren und ca. 3-5 Minuten anbraten; dann auf einen Teller geben.
Die Bohnensprossen, Frühlingszwiebeln und den Sellerie in den Wok geben und kurz anbraten.
Nach und nach die Nudeln und die Garnelen dazugeben, gut mischen und etwas Brühe dazugeben. Wenn nötig noch mit etwas Salz, Pfeffer, Sojasoße und Sesamöl nachwürzen, abschmecken und heiß servieren. Mit Koriander (oder Petersilie) dekorieren.

Tipps: Der Rest der Brühe kann man als Suppe verwenden.

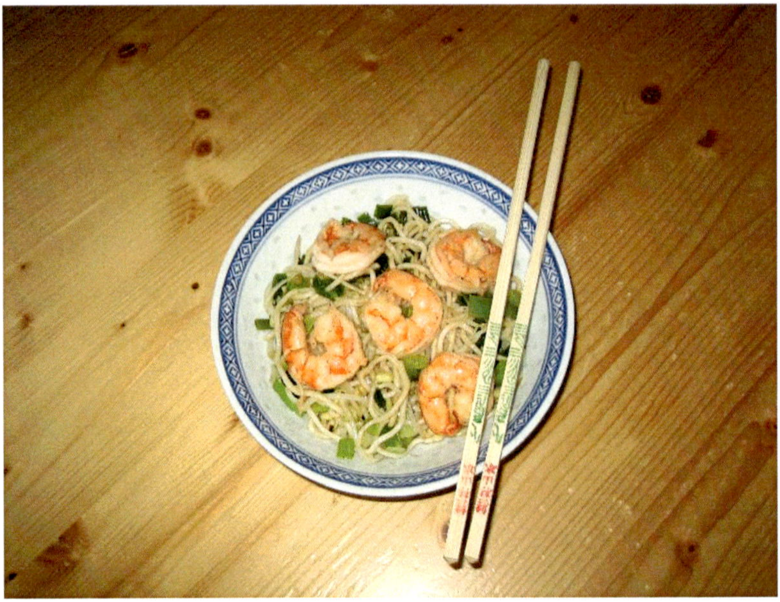

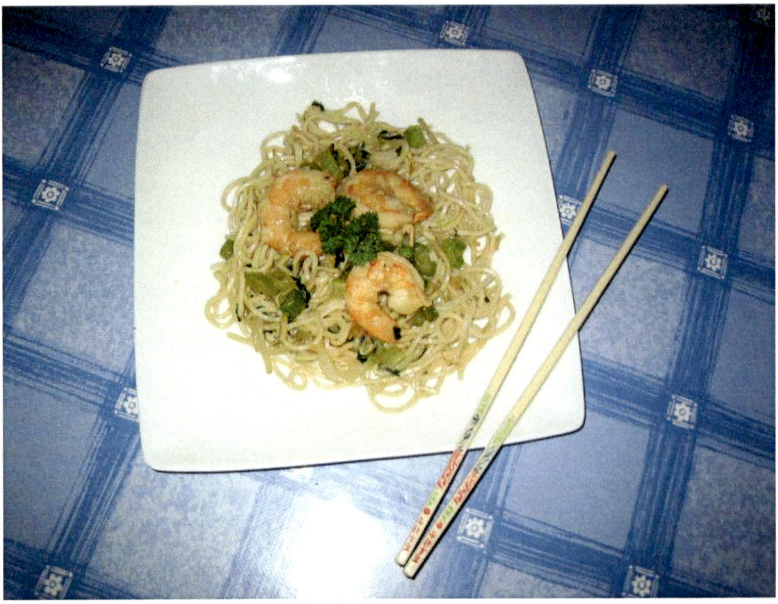

Fast jeder isst gerne Nudeln. Manche Leute sagen, dass sie jeden Tag Nudeln essen könnten.

Marco Polo war als Kaufmann in China und lernte von den Chinesen, wie man die Nudeln zubereitet. Heute sind chinesische Nudelgerichte weltweit bekannt und beliebt.

In meiner Kindheit besuchte mein Vater mal mit mir einen Zirkus. Die Zirkusvorstellung dauerte lange. Unterwegs auf dem Weg nach Hause hatte ich einen großen Hunger. Deshalb fragte ich meinen Vater, ob wir eine Kleinigkeit essen gehen könnten, denn das gehört nach einem Zirkusbesuch einfach dazu. Mein Vater grinste und wir bestellten in einem kleinen Lokal ein Nudelgericht mit Rindfleisch und ein Nudelgericht mit Garnelen.

Der Hunger ist der beste Koch. Aber meine Mutter kann besser kochen. Die Sauberkeit war ihr immer wichtig. In den kleinen Lokalen oder Gasthäusern nahmen es die Leute mit der Sauberkeit nicht so genau. Unsere Gäste waren von der Küche meiner Mutter immer begeistert. Sie freute sich immer, wenn die Gäste viel aßen und es ihnen auch schmeckte.

Meine Eltern haben viele Verwandte und Freunde. Sie luden sich gerne gegenseitig ein und machten verschiedene Erfahrungen miteinander. Sie halfen sich auch gerne gegenseitig. Ohne Nachbarschaftshilfe ist ein Leben bei uns undenkbar. Es entstanden daraus auch manchmal gute Freundschaften.

b. Vegetarisch

Sojakäse (Tofu) mit Sojabohnenkeimlingen

Zutaten:
- 2 Stück Sojakäse (Tofu)
- 1 Packung Sojabohnenkeimlinge
- 2 Karotten
- 1 Kohlrabi
- 1 Zwiebel
- 2 Knoblauchzehen
- 1 Tl. Zucker
- Sojasoße, Salz, Pfeffer, Sesamöl
- Pflanzenöl zum Braten

Zubereitung:
Den Sojakäse in Würfel schneiden, danach in heißem Öl von allen Seiten goldgelb anbraten.
Die Sojabohnenkeimlinge waschen, abtropfen lassen und die Triebe entfernen.
Die Karotten und den Kohlrabi schälen, waschen und in Streifen schneiden.
Die Zwiebel und den Knoblauch fein hacken und in heißem Öl anrösten.
Danach die Karotten und den Kohlrabi dazugeben, anbraten und die Sojakeimlinge hinzufügen; kurz anbraten. Mit etwas Sojasoße, Salz, Pfeffer, Zucker und Sesamöl würzen, abschmecken und anschließend den Sojakäse dazugeben, zusammenmischen und servieren.

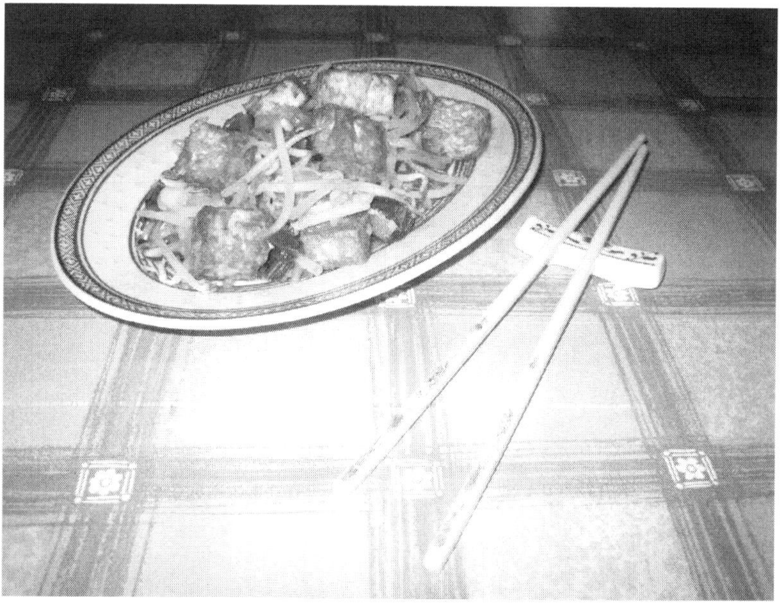

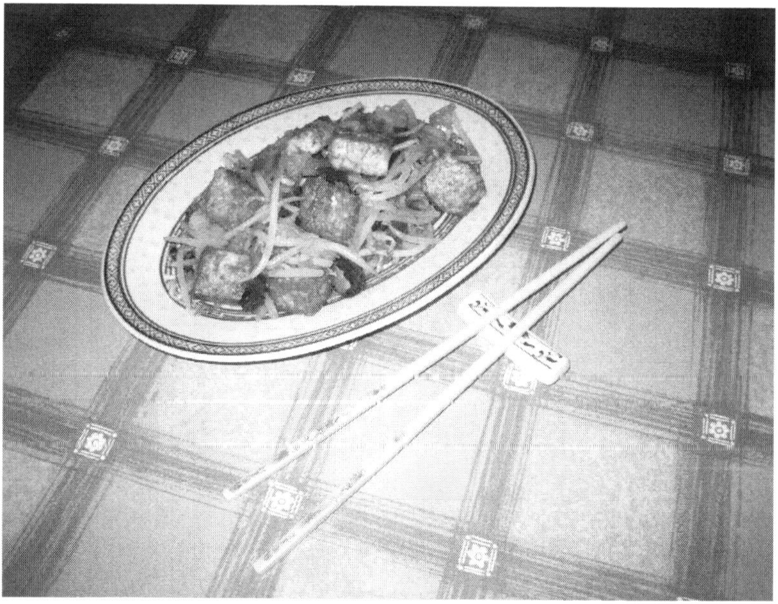

Aus den Sojabohnen machen die Chinesen Sojakäse (auch Tofu genannt), Sojadrinks und Sojasoße.
Meine Mutter hatte die Sojasoße immer selbst gemacht und gerne verschenkt. Wenn die Geschäfte geschlossen waren, liefen die Nachbarn zu uns und fragten, ob sie die gute Sojasoße bekommen könnten.
Man kann den Sojakäse vielfältig zubereiten. Mal kochen, mal frittieren. Als Zutat eignet er sich für verschiedene Gerichte: Suppe, Gemüse, auch für Fleischgerichte.
Im Laufe des Jahres bereiteten wir den Sojakäse mit allen möglichen Varianten zu. Jeden Tag bekamen wir frischen Sojakäse und frische Sojamilch vom Markt. Als Zwischenmahlzeit aßen wir den Sojakäse mit einer leckeren Soße.
In der Fastenzeit ist es ideal, Sojakäse zu verwenden. Immer mehr Europäer wollen den Sojakäse kennen lernen, weil sie dessen Wert schätzen.
Heute koche ich auch sehr gerne Sojakäse. Als ich in Brixen einen Chinesisch-Sprachkurs hielt, kaufte ich immer welchen, bevor ich heimfuhr.
Meine Kinder und mein Mann mögen den Sojakäse auch sehr gerne. Es ist nicht selbstverständlich, dass es ihnen auch schmeckt. Ich kann aber von Glück reden, dass es so ist. Deshalb versuche ich, die Gerichte immer so schmackhaft wie möglich zu kochen. Mit einer Portion Fantasie und Kreativität wird jedem ein gutes Gericht gelingen.

Gebratene Sojakeimlinge

Zutaten:
- 500 g Sojakeimlinge
- 3 Karotten
- 1 große grüne Paprikaschote
- 1 kleine Zwiebel
- Salz, Pfeffer, Sojasoße
- Sesamöl
- 2 Essl. Pflanzenöl zum Braten

Zubereitung:
Die Sojakeimlinge waschen und trocknen lassen.
Die Zwiebel schälen, waschen und in Ringe schneiden.
Die Paprikaschote waschen, den Stängel herausschneiden und schräg in Streifen schneiden.
Die Karotten waschen, schälen und in je 3 Stücke schneiden. Dann in dünne, breite Scheiben schneiden.
Das Öl im Wok heiß werden lassen. Die Karotten dazu geben, kurz anbraten. Dann Zwiebel, Paprikaschote und Sojakeimlinge dazu geben, umrühren und mit etwas Sesamöl, Salz, Pfeffer, Sojasoße würzen, abschmecken und auf den Teller geben.

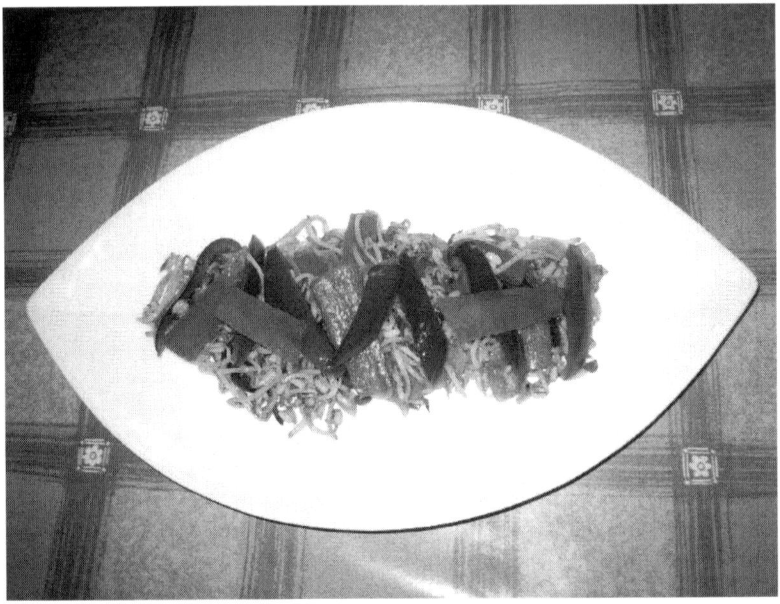

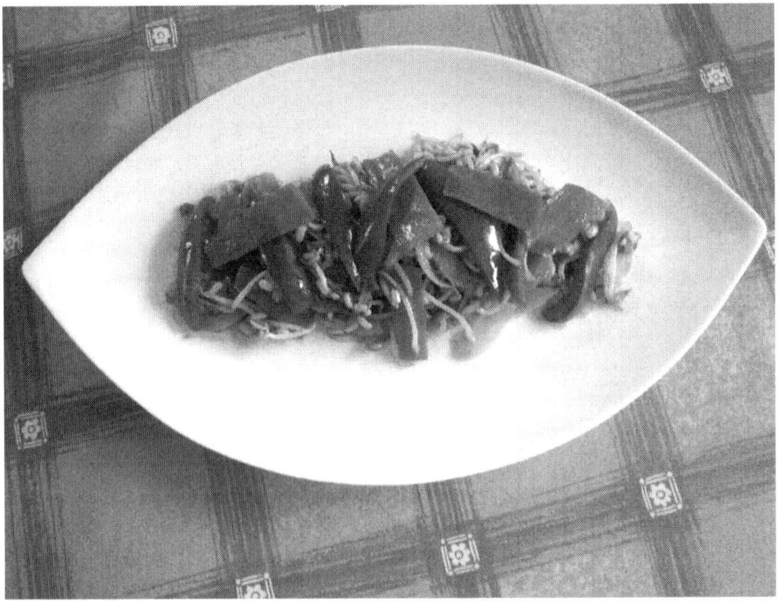

Im Sommer hatten wir im Garten viel Gemüse. Es gab viel buntes und frisches Gemüse auf dem Tisch. Auf dem Markt gab es auch viele Angebote an verschiedenen Gemüsearten.
Eines Tages fragte meine Cousine meine Mutter, was ich äße, weil ich immer so eine schöne Gesichtsfarbe hatte. Meine Mutter erklärte ihr, dass ich sehr gerne Obst und Gemüse mochte.
Deshalb lief sie schnell zu ihrer Mutter und bat sie, jeden Tag viel Gemüse zu kochen.
Drei Monate lang aß meine Cousine jeden Tag Gemüse. Es war aber kein Erfolg zu sehen. Sie war enttäuscht und verstand nicht, weshalb das Gemüse bei ihr keine schöne Gesichtsfarbe bewirkte. Meine Tante tröstete sie, indem sie erklärte, dass es wohl genetisch bedingt sein würde. Obst und Gemüse zu essen, ist nicht jedermanns Sache. Man muss es auch genießen können.
Wo viel Gemüse wächst, ist auch viel fruchtbare Erde. Wenn wir das Gemüse und Obst gut pflegten und uns viel Mühe gaben, bekamen wir auch eine gute Ernte.

Bunter Teller

Zutaten:
- 300g Bohnen
- 4 Karotten
- 1 grüne Paprikaschote
- 1 rote Paprikaschote
- 1 Zwiebel
- 1 Knoblauchzehe
- Salz, Pfeffer
- Sojasoße/Maggi
- Sesamöl
- Pflanzenöl

Vorbereitung:
Die Zwiebel und Knoblauchzehe schälen, waschen und in Scheiben schneiden.
Die Paprikaschoten waschen, die Stängel herausschneiden und schräg in Streifen schneiden.
Die Karotten waschen, schälen und in dünne, breite Scheiben schneiden.
Die Bohnen waschen, die Stängel wegschneiden und ebenfalls schräg in Streifen schneiden.
Etwas Öl im Wok erhitzen, die Karotten dazu geben, kurz anbraten, dann die Bohnen hinzufügen. Nach und nach die Paprikaschoten und Zwiebeln dazu geben, umrühren und mit etwas Sesamöl, Salz, Pfeffer, Sojasoße würzen, abschmecken und auf einem Teller servieren.

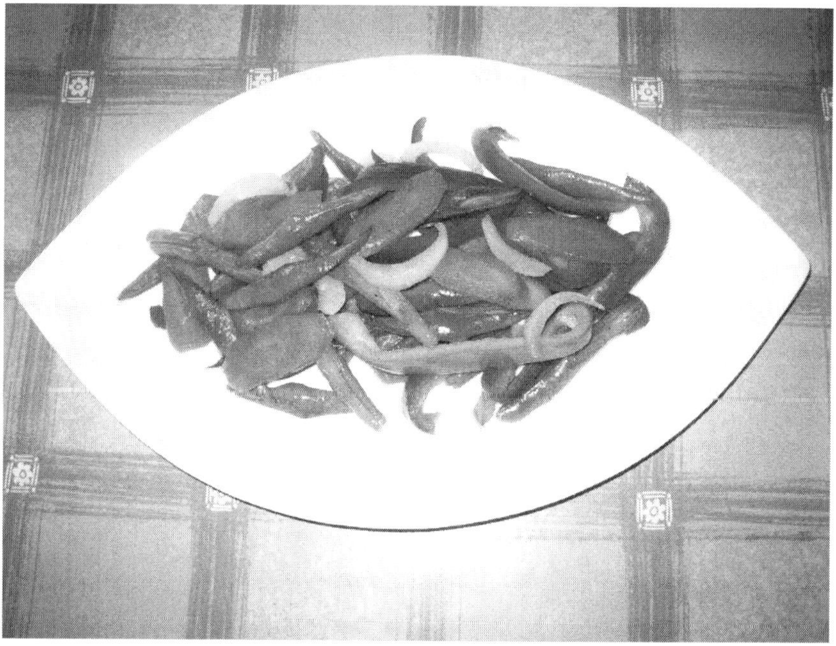

Mir schmeckte der Reis am besten, wenn er auf einem Holz- oder Kohleherd gekocht wurde. Später hatten wir einen elektrischen Reiskochtopf. Dieser verbrauchte nicht viel Strom und wir konnten ihn den ganzen Tag eingeschaltet lassen, denn der Reis brannte darin nicht an. Der Reis blieb im Topf außerdem immer warm und wir brauchten ihn nicht aufzuwärmen.

Ab und zu kochten wir den Reis auch wieder mit dem Holzherd, da er so, wie gesagt, am besten schmeckt.

Die Kinder von unseren Nachbarn kamen zu uns, um mit mir zu spielen. Sie waren ein paar Jahre älter als ich und hatten immer gute Spielideen. Einmal nahmen wir drei Stück Ziegel und stellten sie in dreieckförmig auf, so dass sie als Füße für einen Kochtopf dienten. Nun war unser selbst gemachter Ofen fertig. Wir holten einen kleinen Kochtopf mit Reis und Wasser und stellten ihn auf die Ziegel. Anschließend sammelten wir noch einige Holzstücke im Garten und fingen dann mit dem Kochen an. Nach einer Weile begann der Reis zu duften. Nun mussten wir die Hitze reduzieren, damit der Reis uns nicht verbrannte. Deshalb nahmen wir ein paar Holzstücke aus dem Ofen heraus und bald darauf war die Hitze schwächer. Allmählich wurde der Reis gar und wir nahmen den Reistopf vom selbst gemachten Ofen weg.

Nun holten wir eine kleine Pfanne und erhitzten darin etwas Öl. Dann holten wir noch etwas Gemüse vom Garten. Wir wuschen das Gemüse, schnitten es in kleine Scheiben und gaben es in die Pfanne. Nun legten wir wieder einige Holzstücke in den selbst gemachten Ofen, damit die Hitze wieder stärker wurde. Das Gemüse wurde dann kurz angebraten, gewürzt und anschließend mit Reis als Beilage in Schüsseln verteilt. Für jeden von uns gab es eine Portion des leckeren Gerichts. Damit die Rest-Hitze des Ofens nicht umsonst war, kochten wir noch Wasser für den Tee.

Das Essen war gut und war auch eine Übung für uns, denn einmal im Jahr organisierte die Schule einen Zeltausflug. Und da war es gut, wenn wir alleine und selbstständig kochen konnten.

Vegetarisch

Zutaten:
- 300g Zuckerschoten
- 300g Broccoli
- 20g Morcheln
- 1 Stange Porree
- 1 mittelgroße Karotte
- 3-4 Essl. Pflanzenöl
- 1 Knoblauchzehe
- 1 kleine Zwiebel
- Salz, Pfeffer, Sojasoße
- Maggi, Sesamöl

Zubereitung:
Die Morcheln im warmen Wasser ca. 30 Minuten quellen lassen. Danach den harten Strunk entfernen, waschen und abtropfen lassen.
Die Zuckerschoten waschen, den Stielansatz und die Spitze entfernen.
Den Broccoli waschen, abtropfen lassen und in kleine Stücke schneiden.
Den Porree putzen, waschen und in ca. 2cm breite Stücke schräg schneiden.
Die Karotte schälen, waschen, in schräge Scheiben schneiden.
Die Zwiebel und den Knoblauch fein hacken und im Wok mit Öl goldgelb anrösten.
Danach die Morcheln, Karotten, Broccoli, Zuckerschoten und den Porree der Reihe nach dazugeben, gelegentlich umrühren, etwas Wasser dazugeben und ca. 5 bis 7 Minuten andünsten. (Das Gemüse sollte etwas knackig bleiben).
Mit etwas Salz, Pfeffer, Sesamöl und Sojasoße würzen, abschmecken und heiß servieren.

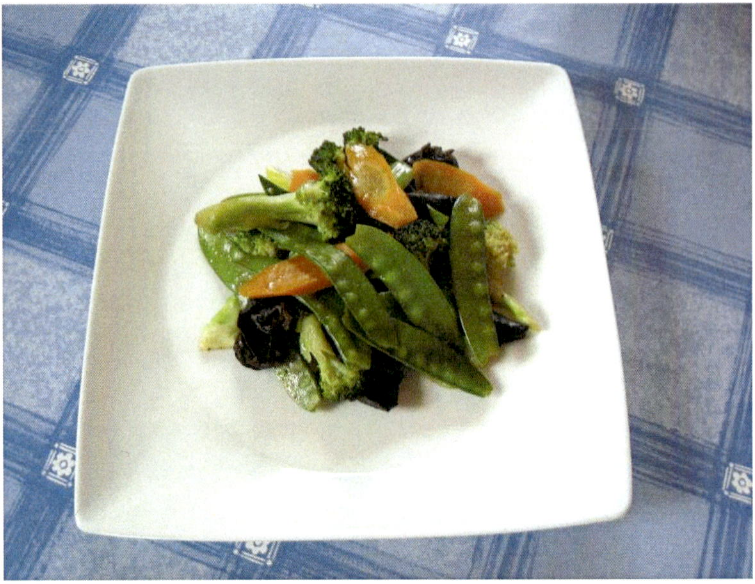

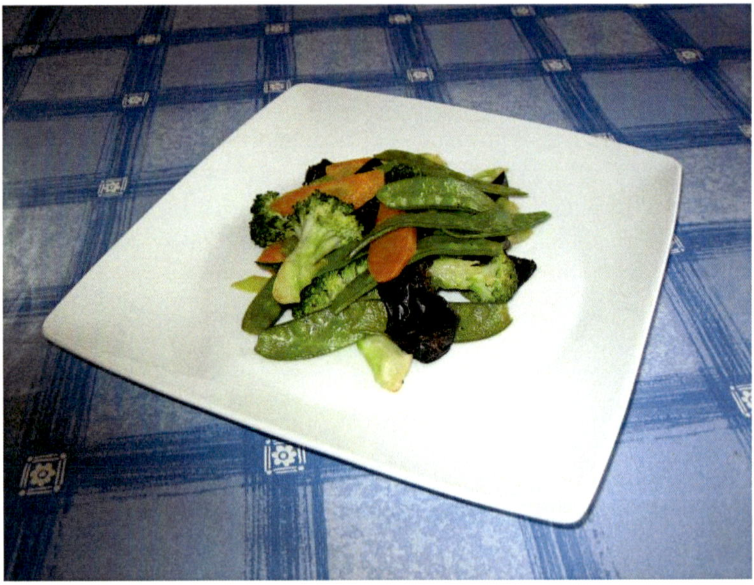

Zu Neujahr hatten wir 10 Tage schulfrei. Die Geschäfte hatten 3 Tage geschlossen, denn die Geschäftsleute wollten auch feiern. Die Verwandten, die Nachbarn und auch Kollegen, ob jung oder alt, alle zogen ihre neue Kleidung an und kamen, um sich gegenseitig zu beglückwünschen.

Jede Familie hatte etwas Süßes, das sie den Gästen anboten. Die Süßigkeiten sind ein Symbol dafür, dass das ganze Jahr süß wird, das heißt, dass es jedem Glück und Harmonie bringen möge. Süß bedeutet in China nämlich Glück und Harmonie.

An den Festtagen wurden immer besondere Malzeiten gekocht. Wenn die Festtage wieder vorbei waren, wünschten sich meine Geschwister und ich wieder viel Gemüse bei den Mahlzeiten, denn vom vielen Fleisch waren wir stuff. Außerdem ist eine ausgewogene Ernährung sehr wichtig – das wussten die Chinesen schon seit alters her.

Ich habe immer wieder festgestellt, dass man auch ohne Fleisch ein gutes Essen kochen und auch genießen kann.

Wir verwendeten Obst und Gemüse als Heilmittel. Man kann auch ohne Fleisch schmackhafte Speisen kochen und sich gesund ernähren.

c. Gemüse mit Fleisch

Süß-saures Gemüse

Zutaten:
- 500 g Truthahnfleisch
- 1 kleine oder ½ Ananas
- 2 kleine Zwiebeln
- 1 große Karotte
- je 1 kleine rote, grüne u. gelbe Paprikaschote
- 1 Knoblauchzehe
- 2 Essl. Pflanzenöl
- ca. 1 Teel. Chili-Soße
- Salz, Pfeffer und Soja-Soße
- 1 Essl. Kartoffelmehl, Wasser

Zubereitung:
Das Truthahnfleisch in Würfel schneiden.
Das Kartoffelmehl in einer Tasse mit kaltem Wasser verrühren.
Die Ananas schälen (siehe Abbildung), vierteln, das harte Innere herausschneiden und den Rest in dünne Scheiben schneiden.
Die Karotte schälen, die Zwiebeln putzen und waschen. Die Paprikaschoten waschen und alles in Würfel schneiden.
Den Knoblauch fein hacken und in einem Wok mit heißem Öl goldgelb anrösten. Das Fleisch dazugeben, mit etwas Salz, Pfeffer und Sojasoße würzen, ca. 5 Minuten anbraten und auf einen Teller geben.
Dann die Karotten in den Wok mit etwas Wasser dazugeben und bei geschlossenem Deckel ca. 3 Minuten bei mittlerer Hitze dünsten.
Das restliche Gemüse und die Chili-Soße dazugeben und noch mal
ca. 3 Minuten garen lassen. Jetzt das Fleisch und das fertig gemischte Kartoffelmehl dazugeben, alles vermischen und auf einem Teller servieren.

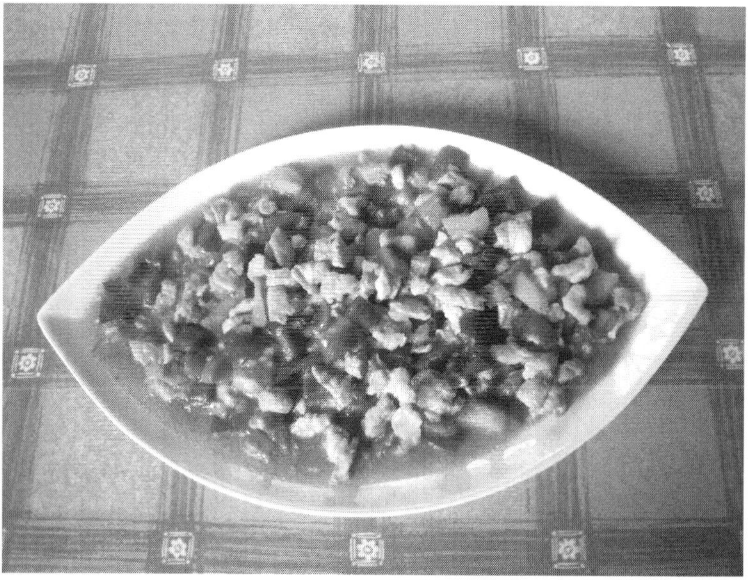

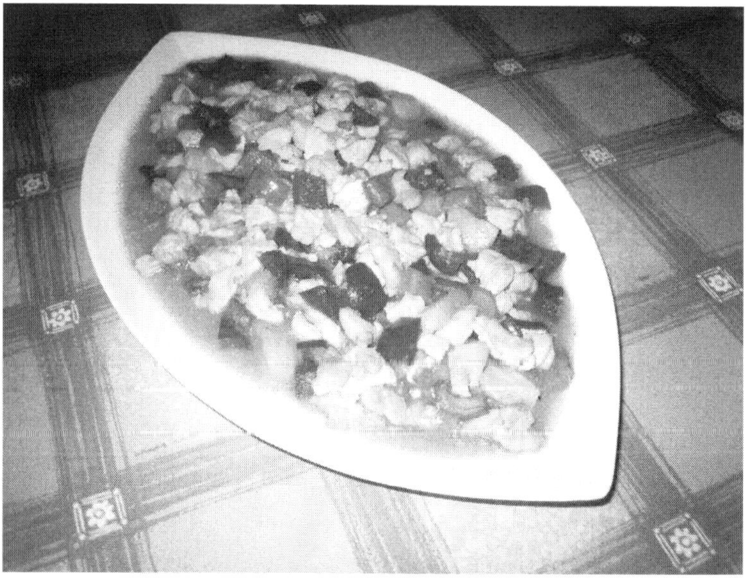

Bei uns gibt es sehr viele Ananas-Früchte und auch viel Gemüse. Meine Mutter achtete sehr auf ein abwechselungsreiches Essen. Es gab viel Gemüse auf dem Tisch. Sie kaufte auch viel Obst. Eine vitaminreiche Kost ist nämlich sehr wichtig für die Gesundheit!
Ob Sommer oder Winter, dieses Gericht eignet sich immer und ist bei uns sehr beliebt.
Meine Mutter zeigte mir gerne, wie man die Ananas-Früchte richtig schneidet. Das war ihr sehr wichtig. Mir machte es auch Spaß, immer wieder Neues dazuzulernen. Meine Mutter erklärte mir auch, dass die Ananas Vitamin B12 und Vitamin E, sowie 16 verschiedene Mineralstoffe und Spurelemente enthält und außerdem die Haut verjüngt.
Das weiß sie, weil mein Großvater Arzt war. Meine Eltern versuchten, die chinesische Medizin weiter zu pflegen, auch durch Verwendung von Obst und Gemüse als Medizin.
Ich hätte mir so gerne gewünscht, meinen Großvater kennen gelernt zu haben. Dann hätte ich nämlich sehr viel von ihm lernen können, denn ich hatte immer schon ein großes Interesse an der chinesischen Medizin.
Wir hätten sicherlich viele Gespräche über Medizin, aber auch über menschliche Erfahrungen geführt und sicherlich hätte ich ihm viele Löcher in den Bauch gefragt.
Bei uns werden die älteren Menschen sehr respektiert, weil sie nicht nur Berufserfahrung, sondern auch viel Lebenserfahrung haben.
Meine Tochter wollte schon Kinderärztin werden, als sie noch ein Kind war. Erstaunlicherweise blieb ihre Meinung bis heute unverändert, deshalb besucht sie jetzt das mathematisch-naturwissenschaftliche Gymnasium.

Gemüseteller mit Truthahnfleisch

Zutaten:
- 500g Truthahnfleisch
- 300g weißes Gemüse (Bai Cai)
- 300g grünes Gemüse (Cai Xin)
- 150g frische junge Maiskolben
- 10 Stück chinesische getrocknete Pilze
- 1 Zwiebel
- 2 Knoblauchzehen
- Pflanzenöl
- Sesamöl
- Sojasoße/Maggi
- Salz und Pfeffer

Zubereitung:
Das Truthahnfleisch in dünne Streifen schneiden, auf einen Teller legen und mit etwas Salz, Sojasoße, Sesamöl und Pfeffer würzen.
Die Pilze im warmen Wasser ca. ½ Stunde quellen lassen. Nach dem Entfernen der Stängel die Pilze waschen, fest ausdrücken, abtropfen lassen und auf einen Teller legen.
Die Maiskolben waschen, abtropfen lassen.
Das Gemüse waschen und in schräge Scheiben schneiden.
Die Zwiebel und den Knoblauch fein hacken und in einer Pfanne mit heißem Öl goldgelb anrösten. Danach das Fleisch dazugeben, bei geschlossenem Deckel 4 bis 5 Minuten anbraten und auf einen Teller geben.
Jetzt die Pilze in den Wok geben, zudecken und 10 Minuten anbraten, wenn nötig etwas Öl oder Wasser dazugeben. Danach die Maiskolben und das Gemüse dazugeben, umrühren und mit etwas Salz, Pfeffer, (Zucker) und Sojasoße würzen. 3-4 Minuten weiter anbraten. (Die Maiskolben und das Gemüse sollten knackig sein).
Anschließend das fertig gebratene Truthahnfleisch dazugeben, vermischen und auf einem Teller heiß servieren.

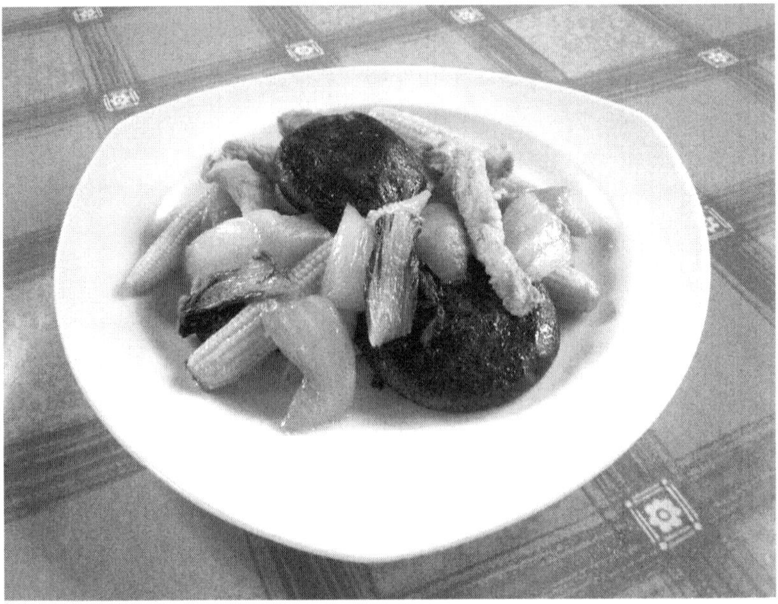

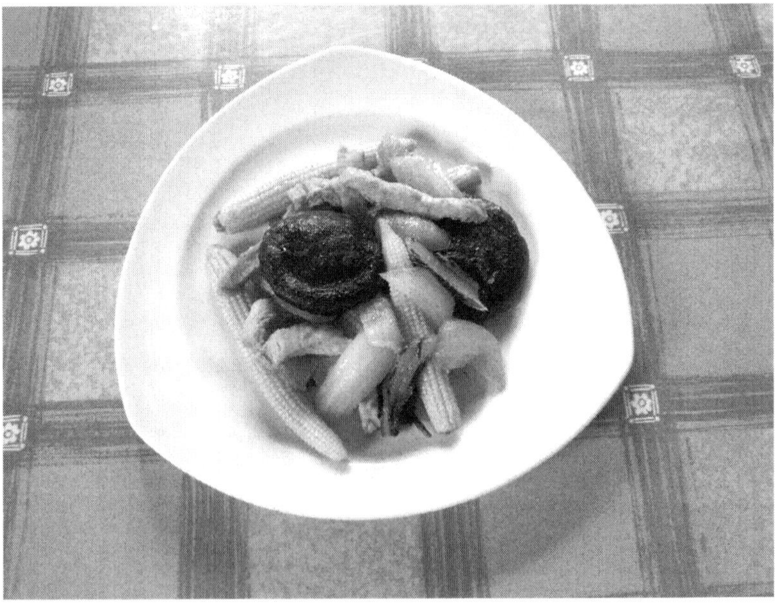

Nach den Festtagen hatten wir den Wunsch wieder mehr Gemüse zu essen. Es ist immer richtig, oft abwechslungsreich zu speisen. Wir hatten einen Garten mit viel Gemüse, Kräutern und ein paar Obstbäumen. Heute würde man unseren damaligen Garten Biogarten nennen. Wir freuten uns immer auf die Ernte.

Heute freuen wir uns auch über unseren Biogarten. Es schmeckt einfach gut und ist gesund. Das bringt natürlich mit sich, dass wir viel im Garten arbeiten müssen. Mein Mann und meine Kinder helfen auch mit.

Wenn ich im Garten arbeite, und die Kräuter, die neben mir wachsen, duften, ist das wie eine natürliche Inhalation und sie kostet auch gar nichts. Wir haben die Natur als Geschenk bekommen.

Mein Mann ist beruflich viel unterwegs, zu Mittag bekommt er in den Gasthäusern hauptsächlich Fleisch. Wenn er wieder zu Hause ist, koche ich viel Gemüse und Mehlspeisen wie Buchteln oder Ribbler mit Heidelbeeren aus unserem Wald.

Andere Bergwanderer pflücken auch Beeren in unserem Wald. Sie wachsen in der Natur und deshalb kann sie jeder pflücken. Ab und zu mache ich auch Krapfen mit Heidelbeerfüllung. Zuweilen wünschen sich meine Kinder Schlutzkrapfen oder Speckknödel. Zur Abwechselung mache ich auch Käse- oder Spinatknödel.

Ein Teil davon bewahre ich im Gefrierschrank. Wenn ich wenig Zeit habe zu kochen, brauche ich das Essen nur aufzutauen und aufzuwärmen. Zu Mittag ergibt sich dann auch noch eine Spezialität aus Südtirol – „Tris" nennen es die Einheimischen.

Gebratenes Schweine- oder Truthahnfleisch mit Gemüse und chinesischen Morcheln

Zutaten:
- 2 Schweine- oder Truthahnschnitzel
- 1 mittelgroße Zwiebel
- 2 Knoblauchzehen
- 1 rote Paprikaschote
- 1 grüne Paprikaschote
- 1 Karotte
- 20g getrocknete chinesischen Morcheln
- 2 Essl. Maismehl oder Kartoffelnmehl
- Pflanzenöl zum Braten
- Sesamöl
- Sojasoße oder Maggi
- Salz, Pfeffer

Zubereitung:
Die Morcheln ca. 30 Minuten im Wasser quellen lassen. Danach den harten Strunk entfernen, waschen und abtropfen lassen.
Dann die Zwiebeln putzen, waschen und in Scheiben schneiden.

Das Fleisch in dünne Scheiben schneiden, etwas Öl, Sojasoße (o. Maggi), Salz, Pfeffer, Zwiebel und Knoblauch darunter mischen, auf einen Teller geben und in den Kühlschrank stellen.

Die Paprikaschoten waschen, halbieren, säubern und in Scheiben schräg schneiden.
Die Karotten waschen, schälen, in große Stücke schneiden, 3 bis 4 Kerben längs in die Karotten einschneiden und anschließend die Karotten in dünne Scheiben schneiden (die Scheiben schauen dann wie Blumen aus).

Öl im Wok erhitzen und leicht kreisen lassen, bis es Boden und Wände bedeckt. Zwiebeln, Morcheln und Karotten hinzufügen und ca. 5 Minuten anbraten. Dann die Paprikaschoten dazugeben, noch einmal umrühren und ca. 2 Minuten braten, mit etwas Salz, Pfeffer, Knoblauch und Sojasoße würzen (je nach Geschmack). Das Ganze in eine Schüssel geben.

Etwas Öl in den Wok geben und leicht kreisen lassen, bis es Boden und Wände bedeckt. Das Fleisch dazugeben und ca. 5 Minuten goldgelb braten. Maismehl in etwas Wasser auflösen, in den Wok gießen und das Gemüse dazugeben. Rühren, bis die Sauce andickt. Auf einen Teller geben und heiß servieren.
Als Beilage eignet sich Reis.

Dieses Gericht ist ein Lieblingsgericht unserer Familie und auch von vielen anderen Familien, die gerne Gemüse essen.
Morcheln schmecken nicht nur gut, sondern sind auch gesund. Mein Großvater empfahl sie immer seinen Patienten, wenn sie Blutarmut hatten. Die Chinesen achten sehr auf ihre Gesundheit. In China werden Morcheln sehr viel verkauft und es gibt sie nicht nur bei besonderen Anlässen, sondern auch sonst auf den Tisch.
Zu Silvester hatten wir viel zu tun. Denn wir hatten ein Groß- und Einzelhandelsgeschäft für Tee und Kaffee. Die Teeprodukte hatten wir selbst angebaut und hergestellt. Unser Geschäft lief gut. Wir Kinder halfen viel, vor allem in der Sommerzeit.
Am Tag halfen wir im Geschäft: z.B. beim Teesortieren, beim Herstellen von Teetüten, oder auch beim Verkaufen, wenn viel los war. Am Vorabend zum Neujahr halfen einige beim Aufräumen und Putzen, um das neue Jahr zu empfangen, andere halfen beim Kochen. An diesen Tagen zogen wir alle neue Kleider an, da das neue Jahr gefeiert wurde. Wir wünschten uns gegenseitig ein gutes und glückliches Neues Jahr. Das Wichtigste und Schönste war aber die zweiwöchige Ferienzeit!

In neuerer Zeit hielt ich einige Kochkurse. Die Kursteilnehmer/Innen waren von diesem Gericht begeistert. Es kam auch gut bei meinen Gästen an. Es schaut nämlich sehr appetitlich aus und ist ganz schön bunt. Dieses Rezept ist eines von meinen Familientraditionsrezepten, die ich jahrelang gepflegt und gerne weitergegeben habe.
Dieses Gericht ist genau das Richtige für anspruchvolle Menschen, die eine abwechselungsreiche Küche lieben!

Gebratenes Rind- und Schweinefleisch mit Gemüse, chinesischen Pilzen und Morcheln

Zutaten:
- 2 Scheibe Rinderlende
- 2 Schweineschnitzel
- 1 Karotte
- 1 Porree
- 1 Broccoli
- 1 mittelgroße Zwiebel
- 1 rote Paprikaschote
- 1 grüne Paprikaschote
- 1 Karotte
- 2 Knoblauchzehen
- 1 getrocknete chinesische Pilze
- 20g getrocknete Morcheln
- 2 TL Maismehl oder Kartoffelnmehl
- Pflanzenöl zum Braten
- Sesamöl
- Sojasoße oder Maggi, Salz, Pfeffer

Zubereitung:
Das Gemüse putzen. Die Morcheln und Pilze jeweils in einen Topf geben und ca. 30 bis 40 Minuten im Wasser quellen lassen. Nach Entfernen des harten Strunkes, die Morcheln und die Pilze waschen, fest ausdrücken, abtropfen lassen und auf einen Teller legen.
Die Zwiebeln und den Knoblauch klein hacken. Die Pilze in Streifen schneiden (oder nach Belieben auch ganz lassen).
Das Fleisch in dünne Scheiben schneiden, mit Sesamöl, Sojasoße (o. Maggi), Salz, Pfeffer, Zwiebel und Knoblauch würzen, auf einen Teller geben und in den Kühlschrank stellen.
Die Paprikaschoten halbieren, (Kerne entfernen) und in Scheiben schräg schneiden.
Den Porree waschen und in schräge Scheiben schneiden.

Die Karotten waschen, schälen und in große Stücke schneiden, 3 bis 4 Kerben längs in die Karotten einschneiden und anschließend in dünne Scheiben schneiden (die Scheiben schauen dann wie Blumen aus).
Den Broccoli klein schneiden und kurz im Wasser sieden.
Öl im Wok erhitzen und leicht kreisen lassen, bis es Boden und Wände bedeckt. Zwiebeln, Knoblauch, Morcheln, Pilze und Karotten hinzufügen und ca. 5 Minuten anbraten.
Dann die Paprikaschoten, den Porree und den Broccoli dazugeben, noch einmal umrühren und ca. 2 Minuten braten, mit etwas Salz, Pfeffer und Sojasoße würzen (je nach Geschmack).
Das ganze in eine Schüssel geben.
Etwas Sesamöl in den Wok geben. Das Fleisch dazugeben und ca. 5 Minuten braten. Maismehl in etwas kaltem Wasser auflösen und zusammen mit dem Gemüse dazugeben. Rühren, bis die Sauce andickt. Abschmecken und auf einen Teller geben und heiß servieren.
Als Beilage eignet sich Reis.

d. Fleischgerichte

Hähnchenkeulen mit Zitronengras

Zutaten:
- 4 Hähnchenkeulen
- 4 Stangen Zitronengras
- 1 kleine Zwiebel
- 2 Knoblauchzehen
- Salz, Pfeffer, Sojasoße, Sesamöl
- Pflanzenöl

Zubereitung:
Die härteren, äußeren Blätter des Zitronengrases entfernen und beide Enden wegschneiden. Nur die zarten Blätter behalten, waschen, in dünne Scheiben schneiden und anschließend fein hacken.
Die Zwiebel schälen, waschen und ebenfalls fein hacken.
Nun die feinen Federnreste von den Hähnchenkeulen wegzupfen und die Hähnchenkeulen waschen. Mit Zitronengras, Zwiebel, etwas Sesamöl, Salz, Pfeffer und Sojasoße würzen und im Kühlschrank ca.1 Stunde marinieren.
Etwas Pflanzenöl im Wok erhitzen, Die Keulen dazu geben und beide Seiten goldgelb anbraten. Auf einem Teller servieren. Beliebig dekorieren.
Als Beilage eignet sich Reis oder Baguette.

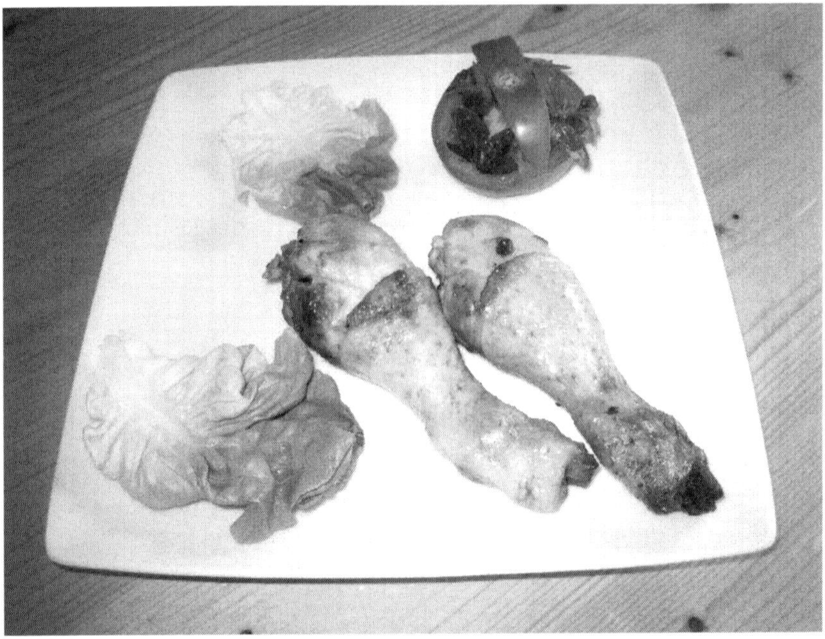

Hähnchenkeulen mit Ingwer

Zutaten:
- 4 Hähnchenkeulen
- 3 cm Ingwer
- 1 kleine Zwiebel
- 2 Zehen Knoblauch
- Salz, Pfeffer, Sojasoße, Sesamöl
- Pflanzenöl

Zubereitung:
Den Ingwer putzen, waschen und in dünne Streifen schneiden.
Den Zwiebel und Knoblauch schälen, waschen und fein hacken.
Nun die feinen Federnreste von den Hähnchenkeulen wegzupfen und die Hähnchenkeulen waschen. Mit Ingwer, Zwiebel, etwas Sesamöl, Salz, Pfeffer und Sojasoße würzen und im Kühlschrank ca.1 Stunde marinieren.
Etwas Pflanzenöl im Wok erhitzen, die Keulen dazu geben und beide Seiten goldgelb anbraten.
Auf einem Teller servieren. Beliebig dekorieren.
Als Beilage eignet sich Reis, Baguette.

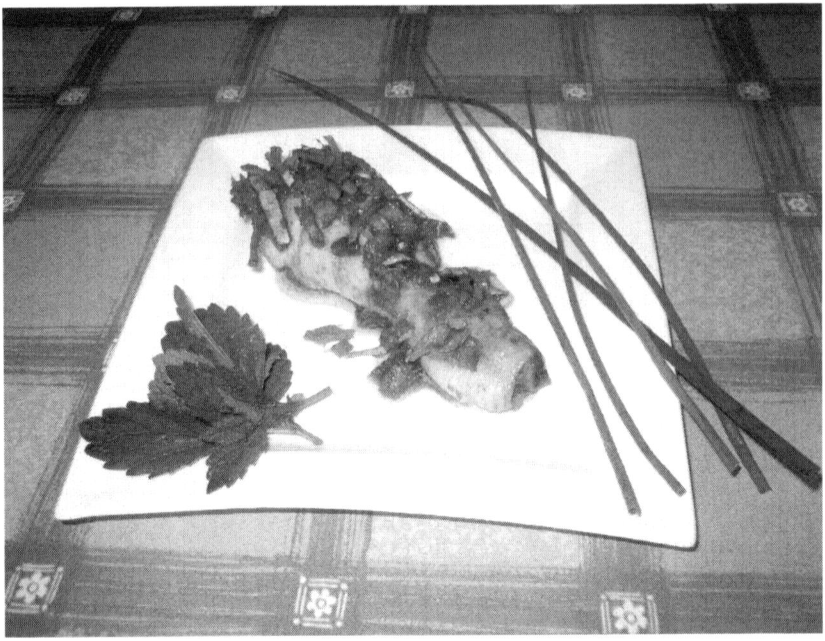

Diese beiden Gerichte sind einfach nachzukochen. Die Vorbereitung ist zwar etwas aufwändig, aber es lohnt sich.

An einem Festtag bereitete meine Mutter dieses Gericht zu. Es war viel Arbeit, denn wir waren eine große Familie und hatten zusätzlich viel Personal vom Geschäft. Meine Geschwister und ich halfen bei der Zubereitung für das Mittag- und Abendessen, damit es schneller ging.

Zitronengras sowie Ingwer schmecken herrlich, regen den Appetit an und helfen bei der Verdauung. Außerdem passt Zitronengras zu verschiedenen Fleischgerichten und ist bei den Gästen sehr beliebt.

An einem heißen Sommertag saßen wir auf der Terrasse und aßen Hähnchenkeulen mit Ingwer. Dieses Gericht war genau das richtige für heiße Tage, weil es den Appetit anregt.

Aber auch in der Regenzeit freuten wir uns, wenn wir hin und wieder dieses Gericht auf den Tisch bekamen. Als Beilage gab es passend dazu ofenwarmes Baguett und viel Salat.

Zitronengetränke helfen nicht nur den Durst zu löschen, sondern passen auch zu dem Gericht und sind eine Erfrischung für heiße Sommertage. Die Zitronen hatten wir selbst im Garten. Wir brauchten sie nur zu pflücken. Ich trug manchmal ein nettes Hütchen als Sonnenschutz.

An einem Nachmittag fing es plötzlich an zu regnen, als ich gerade das Baguett vom Bäcker holte. Die warmen Brote kamen gerade vom Holzofen heraus. Ich steckte alle Baguetten in ein Stoffsäckchen, damit sie warm blieben, bis ich nach Hause kam.

Es stellte sich heraus, dass ein Baguett mehr im Säckchen war, als ich gekauft hatte, doch ich war sicher, dass sich der Verkäuferjunge nicht verzählt hatte. Meine Familie und ich dachten, dass es so etwas Ähnliches wie ein Rabat war, um die Kunden zu gewinnen, damit sie öfters kommen. Doch das war nicht so, denn an einem anderen Tag kaufte meine Schwester die Baguetten. Sie bekam aber kein zusätzliches Baguette als Geschenk. Sie schaute mich an und fing an zu lachen. Plötzlich spürte ich die Wärme in meinem Gesicht und lachte dann aber mit ihr mit.

Gegrillte Ente mit süß-saurem Salat

Zutaten:
- 1 Ente (ca.2kg)
- 2 Essl. 5-Gewürzmischung
- 1 Essl. Honig
- Salz, Pfeffer
- Sojasoße

Für den Salat:
- 1/2 kleinen Kopf Weißkohl
- 2 Karotten
- 1 kleine Zwiebel
- Essig, Zucker
- Salz, Pfeffer, Sojasoße
- Chili-Soße, Sesamöl

Soße: Schwarze Bohnensoße (im Asien-Shop erhältlich)

Zubereitung:
Die Ente ausnehmen, waschen und abtropfen lassen. Die Ente innen und außen mit der Gewürzmischung, Honig, Salz, Pfeffer und Sojasoße würzen und ca. 1 Stunde liegen lassen.
Die Ente auf das Grillgitter legen. In die Fettauffangwanne Wasser hinein geben.
Anschließend im vorgeheizten Backofen bei 200 °C ca. 90 Minuten grillen. Nach der halben Backzeit die Ente umdrehen.
Inzwischen das Weißkraut waschen und in dünne Streifen schneiden.
Die Karotten schälen, waschen und ebenfalls in dünne Streifen schneiden.
Die Zwiebel schälen, waschen, halbieren und in dünne Streifen schneiden.
Das Gemüse in eine große Schüssel geben, dann Essig, Zucker, Salz, Sojasoße, Sesamöl und Chili-Soße dazugeben, marinieren und stehen lassen. Danach den Saft von der Salatmischung auspressen und auf einem Teller gleichmäßig verteilen.
Die fertig gegrillte Ente in kleine Stücke schneiden und auf den Salat legen.

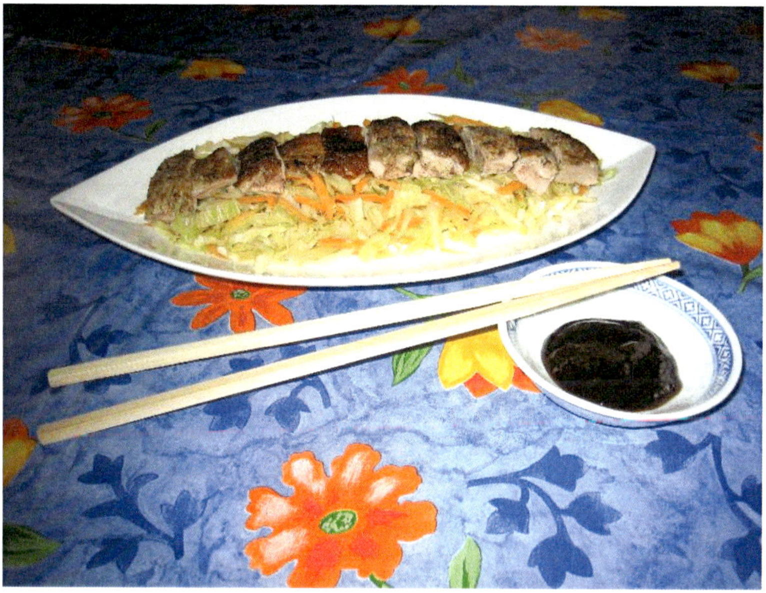

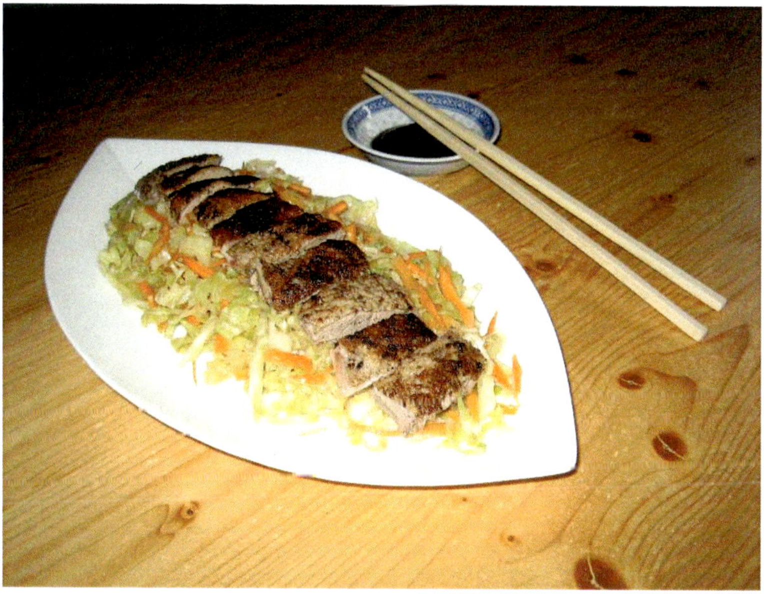

In China gibt es verschiedene Entengerichte. Jede Stadt und Provinz hat ihre eigenen Spezialitäten von Entengerichten. Die Zubereitung ist ein wenig aufwändig, aber es lohnt sich immer.

Bei uns zu Hause wurde viel gekocht. Wir Kinder halfen viel beim Kochen, aber auch im Teegeschäft. In den Tagen vor Weihnachten und Neujahr war im Geschäft immer viel los.

In diesen Tagen mussten wir besonders viel helfen. Niemand hatte die Hände frei. Das Geschäft lief richtig gut.

Zu Weihnachten und Neujahr konnten wir uns dann ein paar Tage entspannen. An diesen Feiertagen durfte bei uns die gegrillte Ente nicht fehlen. Es gehörte einfach zum Fest dazu.

Meine Eltern waren immer großzügig mit den Geschenken. Das wussten wir sehr zu schätzen. Sie freuten sich, nicht nur weil wir zu Hause geholfen hatten, sondern auch über die guten Noten, die wir in der Schule bekamen. Sie verwöhnten uns sehr, trotzdem mussten wir gewisse Regeln einhalten.

Truthahnfilets mit Ananas und Currysoße

Zutaten:
- 4 Truthahnfilets
- ½ Ananas
- 1 kleine Zwiebel
- 2 Knoblauchzehen
- Sesamöl
- 2 Teel. Currypulver
- 1 Essl. Kartoffelmehl
- 1 Teel. Zucker
- Salz, Pfeffer, Sojasoße
- 1 Teel. Chilisoße
- Pflanzenöl

Zubereitung:
Die Truthahnfilets in Scheiben schneiden und mit etwas Sojasoße, Salz, Sesamöl und Pfeffer würzen.
Die Zwiebel und den Knoblauch schälen und fein hacken.
Die Ananas schälen (siehe Abbildung), vierteln, in Scheiben schneiden und auf einen Teller legen.
Inzwischen Öl im Wok erhitzen, dann Zwiebel und Knoblauch goldgelb anrösten.
Das Fleisch dazugeben, ca. 5 Minuten anbraten und danach auf einen Teller geben.
Das Kartoffelmehl in eine Schüssel geben und mit 2 Esslöffel Wasser einrühren.
Dann 1/4 l Wasser in den Wok geben und kochen lassen. Currypulver, Zucker, Sojasoße, Sesamöl, Salz, Pfeffer, Zucker und Chilisoße dazugeben und einrühren, das eingerührte Kartoffelmehl langsam eingießen und gleichmäßig umrühren.
Anschließend die Ananas und das Fleisch dazugeben, abschmecken und heiß servieren.
Als Beilage eignet sich Reis und Salat.

Dieses Gericht ist einfach zuzubereiten. Es ist auch ein Lieblingsgericht von Gästen, die den Curry gern mögen.

Wir machten einmal von der Schule aus einen dreitägigen Zeltausflug. Wir waren in vier Gruppen eingeteilt: Mädchen und Jungen wurden getrennt. Es gab zwei Mädchengruppen und zwei Jungengruppen. Wir mussten unser Zelt selbst mit Holz, Blättern und Seilen zusammen bauen. Am Schluss wurden die selbstgebauten Zelte von den Lehrpersonen auf ihre Tauglichkeit und Festigkeit geprüft. Die Jungen hatten natürlich die besseren Zelte gebaut. Sie hatten auch mehr Ideen.

Bezüglich der Mahlzeiten mussten wir uns selbst versorgen. Die Arbeit wurde eingeteilt:

Holz sammeln, kochen, aufräumen, Geschirr waschen. Das Essen war einfach, aber gut, denn Hunger ist der beste Koch. In der Gemeinschaft ist man nie allein, dennoch hatten viele von uns Heimweh.

Als ich wieder Zuhause war, begrüßte mich meine Mutter mit meinem Lieblingsgericht. Zu Hause war es immer schön, ich wusste es sehr zu schätzen. Meine Geschwister meinten, dass ich zu verwöhnt wäre. „Sie ist das Nesthäkchen in der Familie!", antwortete meine Mutter.

Truthahnfleisch mit chinesischen Morcheln und Ingwer

Zutaten:
- 500 g Truthahnfleisch
- 50 g chinesische Morcheln
- 3 cm Ingwer
- 1 rote Paprikaschote
- 1 kleine Zwiebel
- 1 Knoblauchzehe
- Sesamöl, Salz, Pfeffer,
- Sojasoße/Maggi, Pflanzenöl
- Chilisoße
- 1 Essl. Kartoffelmehl
- Pflanzenöl

Zubereitung:
Die Morcheln im Wasser einweichen und quellen lassen. Danach den harten Strunk entfernen, und die Morcheln abtropfen lassen.
Das Fleisch in dünne Scheiben schneiden. Den Ingwer waschen und in kleine Streifen schneiden.
Den Knoblauch schälen, fein hacken, alle Zutaten zusammen mischen und mit Salz, Pfeffer, Sojasoße, Chilisoße und Sesamöl marinieren und auf einen Teller geben.
Inzwischen die Zwiebel putzen und in dünne Ringe schneiden.
Die Paprikaschote waschen und nach Herausschneiden des Stängels schräg in Streifen schneiden.
Etwas Öl im Wok erhitzen, das marinierte Fleisch dazugeben, anbraten, ab und zu umrühren und das Ganze auf einen Teller geben.
Das Kartoffelmehl in eine Schüssel geben und mit ¼ l Wasser einrühren.
Etwas Öl im Wok erhitzen, nun die Morcheln dazugeben, unter ständigem Rühren ca. 2 bis 3 Minuten anbraten. Anschließend die Zwiebeln und die Paprikaschote dazugeben und kurz anbraten. Jetzt das fertig gebratene Fleisch dazugeben, das eingerührte Kartoffelmehl langsam eingießen und umrühren, abschmecken und heiß servieren.
Als Beilage eignet sich Reis.

Ingwer ist gesund. In unserer Küche darf er nicht fehlen. Im kalten Winter brauchten wir viele Ingwergewürze als Vorbeugung gegen Erkältung. Durch den Ingwer wird einem ganz warm. An heißen Sommertagen aßen wir auch viel Ingwer, denn er half bei Appetitlosigkeit.
In der Schule brauchten wir ihn bei Ausflügen, damit wir im Notfall ein Heilmittel gegen Erkältung oder Bauchgrippe hatten. Ein Ingwer-Tee beispielsweise wirkte da manchmal Wunder.
Bei uns wächst der Ingwer unproblematisch im Garten. Ingwer wird für verschiedene Gemüse- und Fleischgerichte verwendet. Vor allem für - Gerichte mit Geflügel. Es gab auch getrockneten Ingwer. Getrocknet hält Ingwer viel länger. An Festtagen wurde kandierter Ingwer viel angeboten. Anstatt Pralinen, die in Europa beliebt sind, aßen wir kandierten Ingwer.
Als ich in den Kindergarten ging, gab es am Nachmittag verschiedene süße Bohnensuppen mit Ingwer. Wir mussten immer alles aufessen, was im Teller war. Im Kindergarten kochten sie aber irgendwie anders als meine Mutter zuhause. Der Küchenhelfer war ganz nett.
Er sagte, dass ich es nicht aufessen muss, wenn es mir nicht schmeckt. Gott sei Dank!

Glasnudeln mit Truthahnfleisch und chinesischen Champignons
Zutaten:
- 500 g Glasnudeln
- 600 g Truthahnfleisch
- 12 getrocknete chinesische Champignons
- 1 Bund Frühlingszwiebeln
- 3 Karotten
- 2 Selleriestange
- ca. 1/4 l Hühnerbrühe
- Salz, Pfeffer, Sojasoße
- Sesamöl
- Pflanzenöl
- Koriander od. Petersilie zum Dekorieren

Zubereitung:
Die Glasnudeln und Pilze jeweils in einem Topf mit Wasser ca. 1/2 Stunde einweichen.
Das Fleisch in Streifen schneiden und mit Sojasoße, Salz, Pfeffer und etwas Sesamöl marinieren, dann auf einen Teller geben und in den Kühlschrank stellen.
Etwas Öl in den Wok geben, heiß werden lassen. Das Fleisch dazugeben, anbraten und auf dem Teller geben.
Die Karotten schälen, waschen und in Streifen schneiden.
Die Frühlingszwiebeln und die Selleriestange waschen und in Scheiben schneiden.
Inzwischen die Glasnudeln abtropfen lassen und kürzer schneiden, dann in kochendem Wasser ca. 3 Minuten kochen, absieben, mit kaltem Wasser abschrecken und wieder abtropfen lassen.
Die Pilze abtrocknen und in dünne Streifen schneiden. Dann mit etwas Öl im Wok erhitzen, die Pilze dazugeben, kurz anbraten und auf einen Teller geben.
Nun noch etwas Öl in den Wok geben, heiß werden lassen. Anschließend die Glasnudeln und Pilze dazugeben und kurz kochen. Danach das Fleisch, die Selleriestange und die Frühlingszwiebeln dazugeben. Ab und zu etwas Brühe eingießen, mit Salz, Pfeffer und Sojasoße würzen und abschmecken, auf den Teller geben und servieren.
Die Petersilie oder Koriander waschen, abtrocknen und damit das Gericht dekorieren.

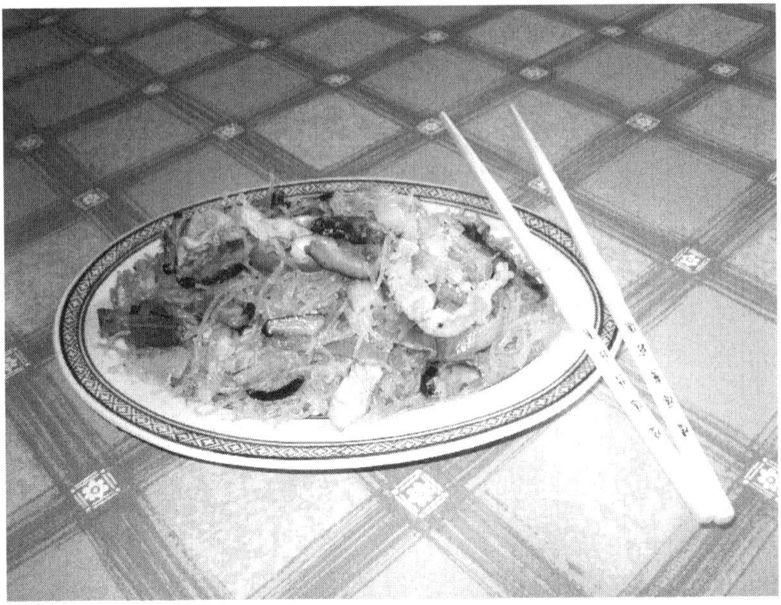

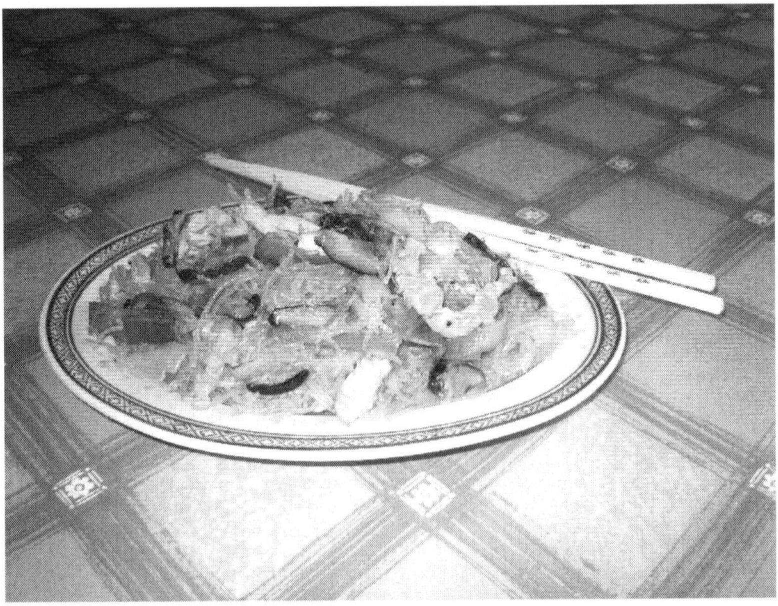

Glasnudeln sind sehr beliebt bei uns. Dieses Gericht eignet sich nicht nur für Festtage oder Familienfeste, sondern auch für Tage, an denen man Besuch hat, den man gerne mag.

Eines späten Nachmittags kamen meine Schulkollegen – eine Jungen-Basketballmannschaft zu uns zu Besuch. Meine Eltern luden sie zum Abendessen ein. Sie freuten sich und sagten, dass wir nicht zu viel kochen sollten.

Inzwischen gingen meine Schulkollegen kurz weg, um etwas zu erledigen. Währenddessen half ich meiner Mutter beim Kochen. Wir bereiteten ein paar Gerichte zu, wie Glasnudeln und Gemüseteller.

Als die Kollegen zurückkamen, war das Abendessen fast fertig. Sie brachten uns eine gegrillte Ente, die sie im Geschäft gekauft hatten. Das wäre zwar nicht nötig gewesen, aber wir freuten uns trotzdem, denn es war ein Zeichen des Dankes. Wir fanden das sehr nett.

Während des Essens hatte die Mannschaft viel zu erzählen. Die Jungen erzählten, dass das Basketballspiel gut gelaufen war. Sie sprachen aber auch von der Schule und den strengen Lehrern. Sie klagten, dass die Mädchen mehr als die Jungen bevorzugt würden. Ich war der Meinung, dass dies wohl damit zu tun hätte, dass sie manchmal viel zu übermutig in der Schule waren.

Nach dem Essen bedankten sie sich für die Gastfreundschaft und gingen nach Hause.

Das war ein überraschender, aber sehr netter Besuch.

Fleischklößchen mit chinesischen Pilzen und Morcheln

Zutaten:
- 300g Rinderhackfleisch
- 12-14 Stück getrocknete chinesische Pilze
- ca. 30 g Morcheln
- 2 Karotten
- 2 kleine Zwiebeln
- 2 Knoblauchzehen
- 2-3 Essl. Kartoffelmehl
- Sesamöl, Pflanzenöl, Sojasoße, Salz, Pfeffer

Zubereitung:
Die Pilze in einer Schüssel mit Wasser aufquellen lassen. Danach mit der Hand das Wasser heraus pressen und die Pilze auf einen Teller geben.
Die Morcheln im Wasser quellen lassen. Anschließend mehrmals waschen, denn die Morcheln wachsen gern an sandigen Plätzen. Die Triebe wegschneiden (sie sind oft hart und sandig).
Die Karotten waschen und schälen. Etwa vier Kerben längs einschneiden und danach in Scheiben schneiden (diese sehen dann wegen der Kerben blumenförmig aus).
Zwiebeln und Knoblauch schälen, waschen und fein hacken. Einen Teil von den gehackten Zwiebeln und dem Knoblauch mit Fleisch, Sesamöl, Sojasoße, Salz, Pfeffer und Kartoffelmehl mischen. Danach die Masse in kleine Kugeln formen.
Etwas Pflanzenöl im Wok erhitzen. Die Fleischkugeln hinein geben, anbraten, ab und zu wenden bis sie goldgelb werden und dann auf einen Teller geben.
Den Rest der gehackten Zwiebeln und des Knoblauchs in den Wok geben und anrösten. Die Pilze und Morcheln dazugeben, anbraten, ein wenig Wasser dazugeben und der Wok mit dem Deckel schließen.
Zwischendurch etwas Wasser dazugeben, damit das Essen nicht anbrennt.
Das Gericht weiter braten, bis die Pilze und Morcheln weich werden. Dann die Karotten dazugeben, nicht zu lange braten, denn die Karotten sollen knackig sein.
Zum Schluss die Fleischkugeln hinzufügen und mit Sojasoße, Salz, Pfeffer und etwas Sesamöl abschmecken und servieren.

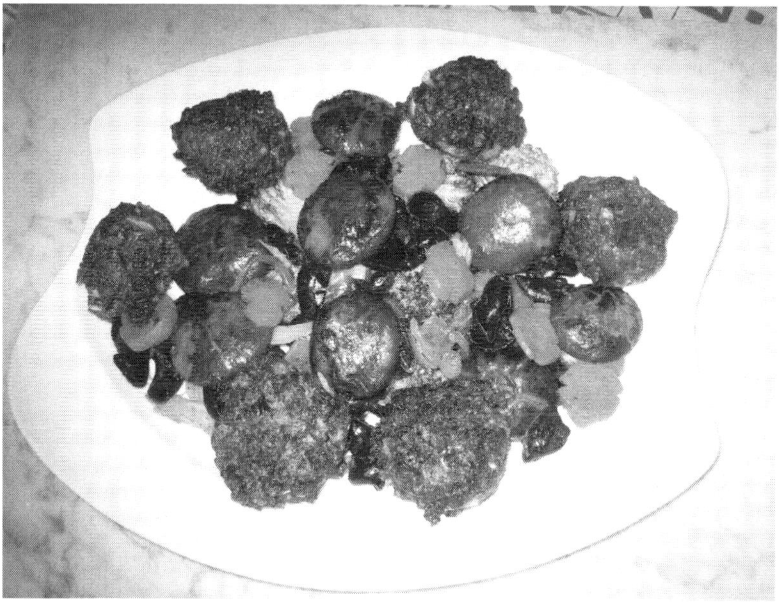

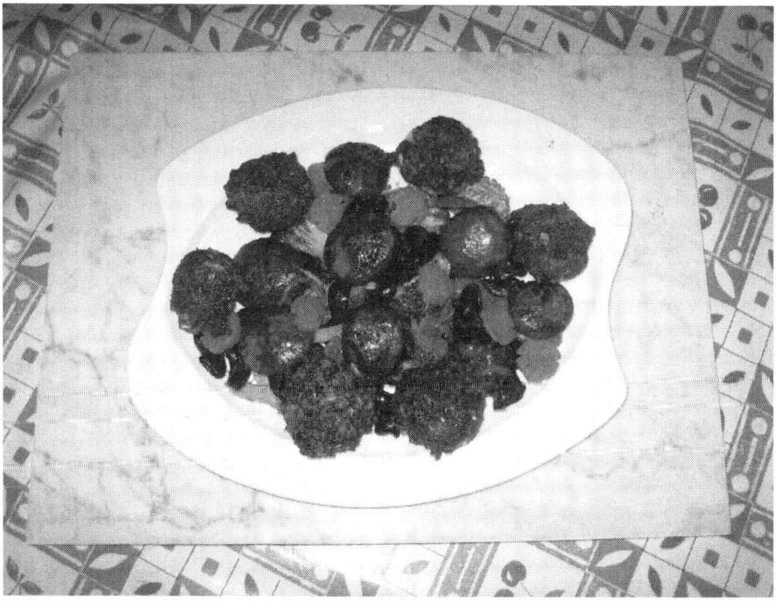

Dieses Gericht kochte meine Mutter bei besonderen Anlässen oder bei Festtagen. Auf unseren Wunsch kochte sie dieses Gericht auch an Werktagen. Wir waren nämlich richtige Feinschmecker. Sie freute sich immer über unseren gesunden Appetit und wenn sie sah, dass es uns schmeckte.

In der Schule hatten wir einmal Tanzprobe. Die Jungen mussten in Hocke – Stellung die Bambusstangen halten und sie im Rhythmus der Trommel auseinander bewegen und wieder zusammenführen. Während sie die Bambusstangen auseinander bewegten, mussten wir pärchenweise in die Mitte hinein springen.

Die Lehrerin wählte die Pärchen selbst. So ein Zufall, dass mein „Geheimverehrer" mein Partner war. Meine Schulkameraden grinsten und schauten mich an. Ich wünschte mir, ich wäre in diesem Augenblick ein Maulwurf gewesen, dann hätte ich mich nämlich unter die Erde verkriechen können.

Ich kam spät nach Hause. Meine Mutter hatte schon für mich das Essen zur Seite getan.

Ich hatte natürlich schon vorher angekündigt, dass ich später kommen würde. Nun genoss ich mein Lieblingsgericht.

Heute lieben meine Kinder und mein Mann dieses Gericht. Zum Geburtstag wünschten sich meine Kinder immer chinesische Gerichte. Sie strahlten schon vor der Haustür, denn es duftete schon von Weitem.

Weißkohltaschen gefüllt mit Fleisch und chinesischen Pilzen

Zutaten:
- 8 Blätter Weißkohl
- 8 Stängel Schnittlauch zum Binden
- 300g Rinderhackfleisch
- 12 Stück getrocknete chinesische Pilze
- 1 Knoblauchzehe
- 1 kleine Zwiebel
- Sesamöl, Pflanzenöl, Sojasoße, Salz, Pfeffer

Zubereitung:
Die Weißkohlblätter waschen, die Stängel herausschneiden und im kochenden Wasser kurz kochen, dann herausnehmen und abkühlen lassen.
Die Schnittlauchstängel ebenfalls kurz kochen und abkühlen lassen.
Die Pilze im Wasser ca. 1/2 Stunde aufquellen lassen. Dann mit der Hand das Wasser heraus pressen und die Pilze auf einen Teller geben.
Knoblauch, Zwiebel und Pilze fein hacken und in eine Schüssel geben. Dann das Hackfleisch dazu geben, mit Salz, Pfeffer, Sojasoße und etwas Sesamöl abschmecken. Anschließend einen Teil der Masse in die Weißkohlblätter geben und diese wie Taschen zusammenwickeln und mit Schnittlauchstängeln zusammen binden.
Den Rest des Fleisches in kleine Kugeln formen.
Inzwischen Pflanzenöl in den Wok geben und erhitzen.
Die Weißkohltaschen hinein geben, auf beiden Seiten anbraten bis sie gar sind. Die Fleischkugeln ebenfalls auf beiden Seiten anbraten. Die Weißkohltaschen und Fleischkugeln auf einen Teller geben und heiß servieren.

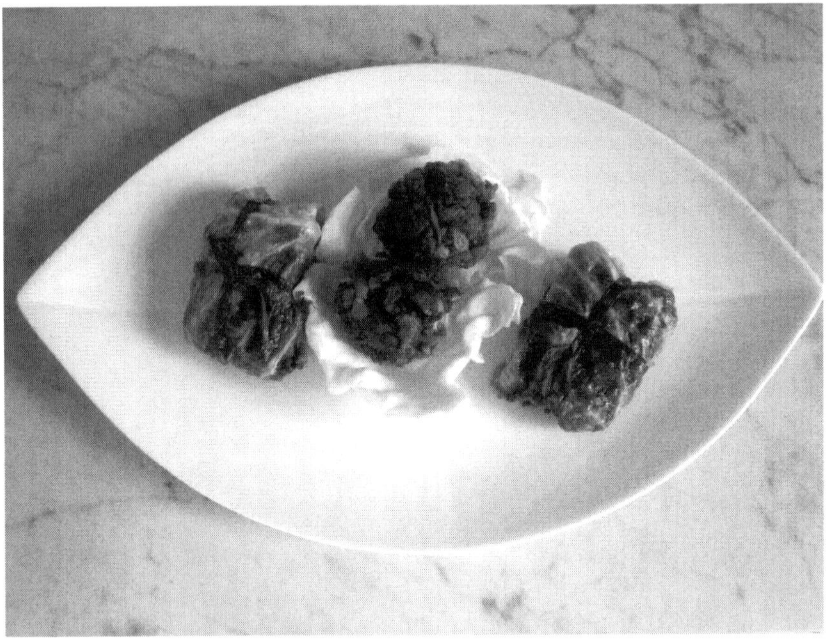

Weißkohl ist preisgünstig und gesund. Er wächst auch im Garten. Man kann ihn als Salat, Gemüseteller oder als Kohltaschen zubereiten und ihn vielseitig für festliche Mahlzeiten, für Partys, Mittag- oder Abendessen verwenden.

In der Saison schmeckt er am besten. Weißkohl gab es bei mir daheim oft auf dem Tisch.

Meine Mutter trocknete den Kohl und bewahrte ihn für den Winter auf. Sie versuchte immer schmackhafte Speisen zu kochen. Mit gesundem Appetit aßen wir immer alles auf. Meiner Schulkollegin schmeckte es auch. Sie blieb einmal zu Mittag bei uns, weil wir am Nachmittag einen Mathematikwettbewerb hatten. Unser Lehrer war voller Zuversicht und meinte, dass wir ohne Bedenken daran teilnehmen könnten.

Getrockneter Kohl ist bei uns eine Spezialität. Er wird meistens mit Hähnchen oder Schweinehaxen zubereitet. Das Fleisch muss lange gekocht werden, damit der getrocknete Kohl weich wird. Dieses Gericht ist eine Delikatesse für Kenner zum Genießen. Den getrockneten Kohl gibt es auch im Asia-Shop zu kaufen.

Von den Gerichten und der Kochart kann man erkennen, aus welcher Stadt wir stammen. Denn chinesische Küche ist nicht gleich chinesische Küche.

Ich habe übrigens gelesen, dass der Weißkohl mental erfrischend und verjüngend wirkt, in Stresssituationen widerstandsfähig macht und das Immunsystem stärkt.

Tomaten, Paprika und Pilze in Fleischfüllung

Zutaten:
- 4 Tomaten
- 1 grüne Paprikaschote
- 12 Stück getrocknete chinesische Pilze
- 300g Hackfleisch
- 1 kleine Zwiebel
- 1 Knoblauchzehe
- Pflanzenöl, Sesamöl, Sojasoße / Maggi
- Salz, Pfeffer

Zubereitung:
Die Paprikaschote waschen, vierteln, die Stängel herausschneiden und in breite Scheiben schneiden.
Die Pilze im Wasser aufquellen lassen. Dann mit der Hand das Wasser herauspressen und die Pilze im Wok mit etwas Öl anbraten und auf einem Teller geben.
Die Tomaten waschen, halbieren und entkernen.
Die Zwiebel und den Knoblauch fein hacken und in eine Schüssel geben. Dann das Hackfleisch dazugeben, mit etwas Sesamöl, Sojasoße, Salz und Pfeffer abschmecken und anschließend das Fleisch in die Tomaten, Paprika und Pilze einfüllen.
Etwas Pflanzenöl im Wok erhitzen und die gefüllten Tomaten, Paprikaschoten und Pilze dazugeben, auf beiden Seiten goldgelb anbraten und auf einem Teller heiß servieren.
Als Beilage eignet sich Reis oder Baguette.

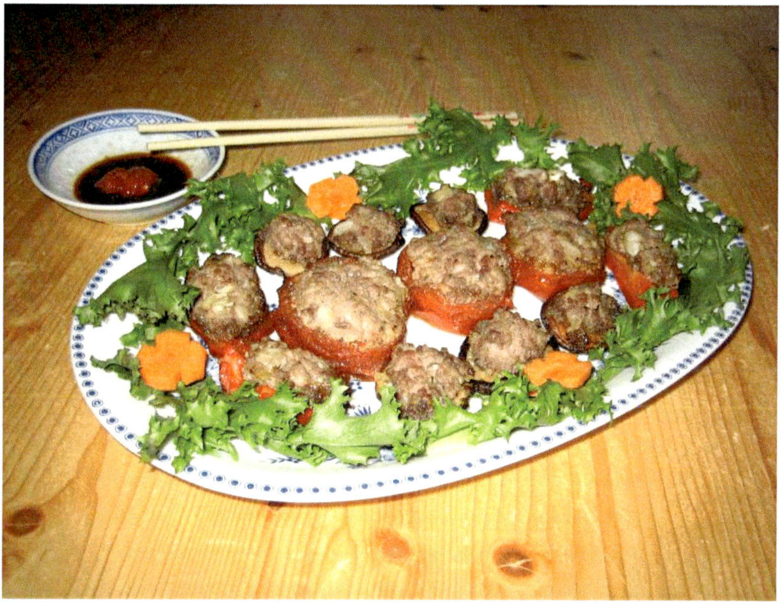

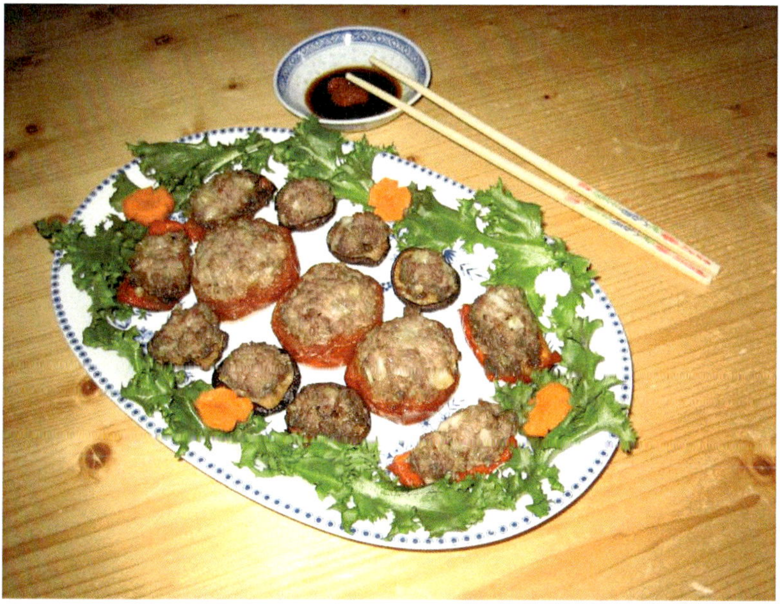

Für die Gemüsefreunde, die nicht viel Fleisch essen, ist dieses Gericht ideal! Es schmeckt einfach himmlisch! Auch für ein Buffet ist dieses Gericht gut geeignet und bei Freunden sehr beliebt.

Eine abwechslungsreiche Küche ist immer gut. Meine Geschwister und ich freuten uns immer, wenn unsere Mutter dieses Gericht auch außerhalb der Festtage kochte.

Ein Schulkollege veranstaltete einmal bei ihm Zuhause eine Party. Die ganze Klasse war eingeladen. Es gab kleine Häppchen und Mixgetränke. Man kann auch ohne Alkohol feiern. Waren wir nicht brav? Es war nett und auch lustig. Die Musik war schön. Ich konnte nicht tanzen und ließ mich einfach vom Kollegen führen. Es war nicht schwierig tanzen zu lernen. Später besuchte ich einen Tanzkurs für Jugendliche. Zu einer Party kam ich gern, aber in einer Disco war ich nie. Dort war immer laute Musik und das mochte ich nicht. Mir ging es nur um das Beisammensein mit den Schulkollegen.

Heute wünschen sich meine Kinder zu ihrem Geburtstag ihr Lieblingsgericht und ich koche es auch gern, denn wir essen und feiern gern gemeinsam. Zuweilen gibt es auch sonst eine Überraschung für alle. Wenn man gerne kocht und isst, dann gibt es öfters Überraschungen.

Diese ergeben sich nämlich oft aus einer Begeisterung heraus.

Frittiertes Schweinefleisch mit süß-saurer scharfer Soße

Zutaten:
- 4 Schweinefilets
- Salz, Pfeffer
- Sesamöl
- Sojasoße/Maggi
- Pflanzeöl zum Frittieren

Für den Teig:
- 4 Eier
- 5 Essl. Mehl
- 1 Essl. Kartoffelmehl
- 5 Essl. Wasser oder Milch

Für die Soße:
- ½ l Wasser
- 2 Essl. Kartoffelmehl
- 4 Essl. Apfelessig (oder Balsamessig)
- 1 bis 2 Essl. Chilisoße
- Salz, Pfeffer
- Sojasoße/Maggi
- 3 Essl. Zucker
- ½ Zwiebel (fein gehackt)
- ¼ Ananas (fein geschnitten)
- ½ rote Paprikaschote (fein geschnitten)
- ½ grüne Paprikaschote (fein geschnitten)
- 1 Essl. Pflanzenöl

Zubereitung:
Das Schweinefleisch in dünne Scheiben schneiden und in einer Schüssel mit etwas Salz, Pfeffer, Sesamöl, Sojasoße zusammenmischen und marinieren.
Eier, Mehl und Wasser (oder Milch) in eine Schüssel geben. Alles zusammen mit der Maschine zu einem Teig mischen. Das marinierte Fleisch dazu geben, umrühren, noch mal abschmecken und im Kühlschrank aufbewahren.
Etwas Öl im Wok heiß werden lassen. Die fein gehackte Zwiebel, die Ananasstücke und die Paprikaschoten dazu geben und kurz anbraten. Mit etwas Salz, Pfeffer, Zucker, Chilisoße und Sojasoße würzen. Dann Essig hinein geben und umrühren.
Nun das Kartoffelmehl in eine Schüssel geben, in Wasser einrühren, das Wasser nach und nach eingießen, so dass keine Klümpchen entstehen. Das eingerührte Kartoffelmehl in die Pfanne gießen und bei mittlerer Hitze zum Kochen bringen bis die Soße dickflüssig wird.
Dann die Pfanne vom Herd nehmen.
Jetzt etwas Öl im Wok erhitzen. Das Fleisch darin stückweise goldgelb frittieren und auf einem Küchenpapier abtropfen lassen.
Das Fleisch auf einen Teller geben, die Soße darüber gießen und das Gericht servieren.

105

Fleisch ist unentbehrlich. Wir aßen nicht viel Fleisch, aber regelmäßig in kleinen Mengen. Dieses pikante Gericht ist sehr beliebt. Es ist einfach und unkompliziert vorzubereiten.

Wir hatten eine große Verwandtschaft und besuchten uns oft gegenseitig. Miteinander hatten wir auch viel Spaß. Es waren unkomplizierte Gäste, denn sie halfen in der Küche mit beim Kochen. Wenn das Essen den Gästen schmeckte, freute sich meine Mutter immer.

Wir zeigten unseren Gästen viele Sehenswürdigkeiten in unserer Stadt. Jeder Ort hat seine eigenen Besonderheiten, nur in den Schulen trugen alle Schüler die gleiche Uniform.

Nach dem Abendessen gingen wir mit unseren Verwandten spazieren. Wir mussten über eine Brücke gehen, um zum Spazierweg zu gelangen. Der Fluss neben dem Weg war so klar und der Seetang so grün, dass wir die Fische, Krebse und Krabben herumschwimmen sahen. Wir genossen die Natur, so wie sie sich zeigte. Obwohl es sehr heiß war, fühlte sich die Luft sehr angenehm an. In der Abenddämmerung kehrten wir langsam nach Hause zurück.

Rinderfilets mit Paprika und Zwiebeln

Zutaten:
- 400g Rinderfilets
- 4 bis 6 kleine Zwiebeln
- 1 große grüne Paprikaschote
- 1 große rote Paprikaschote
- 2 Teel. Kartoffelmehl
- Wasser
- Sojasoße, Maggi
- Sesamöl
- Knoblauch
- Pflanzenöl

Zubereitung:
Die Rinderfilets in dünne Scheiben schneiden. Mit etwas Sesamöl, Salz, Pfeffer, Sojasoße, Maggi und Kartoffelmehl marinieren und in den Kühlschrank stellen.
Die Zwiebeln schälen, waschen und achteln.
Den Knoblauch schälen und fein hacken.
Die Paprikaschoten waschen, die Stängel herausschneiden und in große Scheiben schneiden.
Etwas Öl im Wok erhitzen und leicht kreisen lassen, bis es Boden und Wände bedeckt.
Knoblauch hinein geben, kurz anrösten, anschließend das Fleisch dazugeben und bei höchster Hitzestufe braten (wie lange, das hängt davon ab, ob Sie das Fleisch gerne well-done, medium oder rare hätten). Dann die fertig gebratenen Filets auf einen Teller geben.
Nun wieder etwas Öl im Wok erhitzen. Zwiebeln und Paprikaschoten dazugeben, etwas Wasser hinzufügen und das ganze bei höchster Stufe braten. Inzwischen 2 Teel. Kartoffelmehl mit etwas Wasser mischen, in die Pfanne geben, umrühren bis die Soße andickt. Mit Salz, Pfeffer, Sojaöl und Maggi abschmecken. Die Filet-Streifen dazugeben, kurz umrühren und dann servieren.
Als Beilage eignet sich Reis.

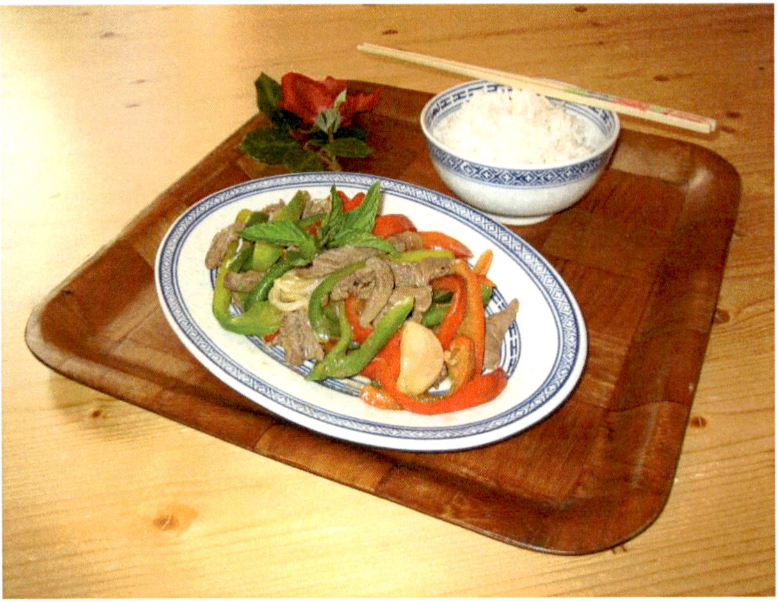

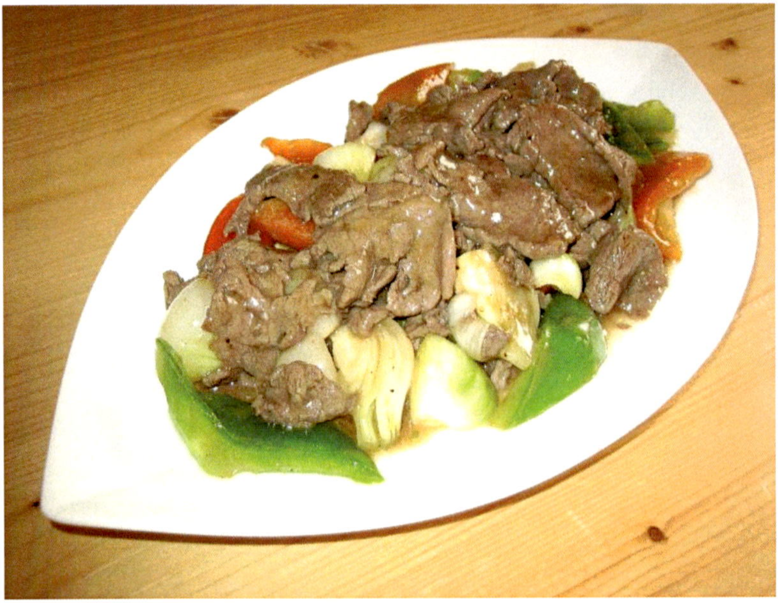

Dieses Gericht erinnert mich an heiße Sommertage in meiner Jugend. An solchen Tagen hatten wir meist kaum einen Appetit, aber wir freuten uns auf etwas Pikantes, dass meine Mutter für uns zubereitete.
Nach einem langen und heißen Schultag brauchten wir viele Vitamine, um neue Kraft zu tanken. An kalten Tagen kochte meine Mutter die Gerichte mit viel Zwiebeln. Es gab auch viel warme Suppe auf den Tisch, denn diese hat eine vorbeugende Wirkung gegen die Grippe und ist gut für die Verdauung. Das erklärte mir meine Mutter, als ich noch ein Kind war.
Man isst auch mit den Augen. Ein Gericht mit buntem Gemüse auf dem Teller ist eine Einladung zum Essen. Mit einer gesunden Einstellung zur Ernährung ist die Gesundheit schon halb gewonnen. Bis jetzt hatte ich Gott sei Dank immer einen guten Appetit. Ich mache auch Gymnastik, ich jogge mit meinen Kindern und wandere gern mit der Familie.
In der Natur fühlt man sich sehr wohl und man wird gelassener. In meiner alten Heimat gibt es nicht so hohe Berge wie in Südtirol, aber mittlerweile habe ich mich an die engen Täler und hohen Berge gewöhnt. Ich stieg sogar auf den Zinseler am Penserjoch und auf die Königsspitze beim Radlsee und trug mich dort ins Gipfelbuch ein. Ich war aber auch auf anderen Bergen und bei anderen Seen. So habe ich im Laufe der Zeit die Südtiroler Landschaft kennen gelernt.

Schweinefleisch mit Morcheln und Ingwer

Zutaten:
- 500 g Schweinefleisch
- 50 g Ingwer
- 30 g Morcheln
- 3 Karotten
- 2 kleine Zwiebeln
- 4 Knoblauchzehen
- Sesamöl, Salz, Pfeffer
- Sojasoße/Maggi
- Pflanzenöl

Zubereitung:
Die Morcheln und Pilze ca. 30 Minuten im Wasser quellen lassen. Nach Entfernen der harten Strunke die Morcheln und Pilze waschen und abtropfen lassen.
Den Ingwer waschen und in Streifen schneiden. Die Zwiebeln schälen, waschen, halbieren und ebenfalls in Streifen schneiden. Den Knoblauch waschen, schälen und fein hacken.
Das Fleisch in Streifen schneiden. Einen Teil des Knoblauchs und der Zwiebeln dazu geben, mit Salz, Pfeffer, Sojasoße und etwas Sesamöl marinieren.
Die Karotten in große Stücke schneiden, 3 bis 4 Kerben längs in die Karotten einschneiden und anschließend die Karotten in dünne Scheiben schneiden (die Scheiben schauen dann wie Blumen aus).
Etwas Öl in den Wok gießen und erhitzen, dabei das Öl kreisen lassen, sodass Boden und Wände benetzt sind. Den Rest der Zwiebeln, des Knoblauchs und des Ingwers dazugeben und anrösten. Dann das Fleisch hinein geben und anbraten, dabei ständig umrühren bis das Fleisch gar ist. Auf einen Teller geben. Etwas Öl im Wok erhitzen. Nun die Morcheln und Karotten dazugeben und ca. 5 Minuten anbraten. Mit Salz, Pfeffer, Sojasoße, Maggi und Sesamöl abschmecken. Das gebratene Fleisch dazugeben, alles vermischen und auf einen Teller geben und heiß servieren.

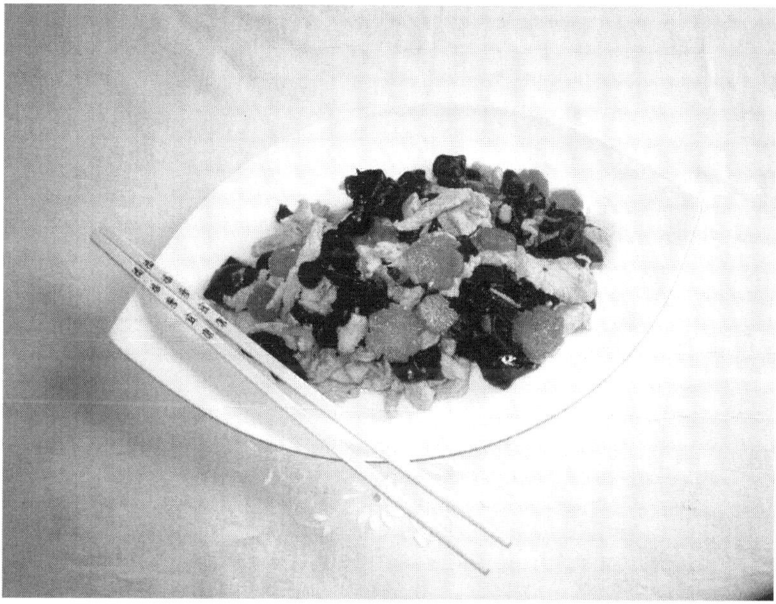

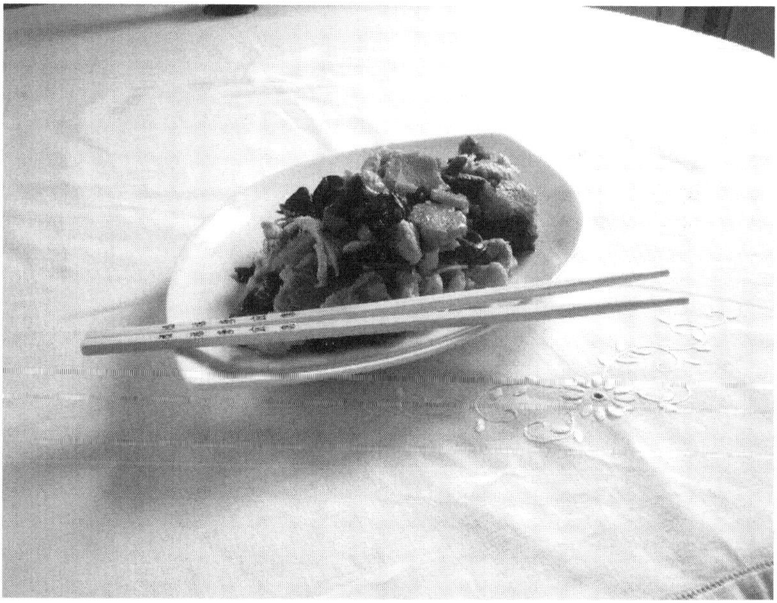

Meine Mutter pflanzte den Ingwer in unserem Garten an. Der frische Ingwer vom Garten schmeckt viel schärfer als der gekaufte. Meine Mutter erklärte mir mal, dass man vom Ingwer nicht zu viel essen darf, denn sonst bekommt man Heiserkeit. Sie fügte aber hinzu, dass die Schale des älteren Ingwers gut gegen Heiserkeit wirkt. Wenn wir zu viel Ingwer hatten, legte ihn meine Mutter in Essig ein. Eingelegten Ingwer verwendete meine Mutter oft für den Salat.

An einem Sonntagnachmittag war ich mit meiner Schulkollegin unterwegs. Auf dem Weg nach Hause fing es plötzlich an zu regnen. Den Heimweg hätte ich sicher nicht mehr geschafft, ohne platsch nass zu werden. Mein Haus war nämlich viel weiter weg, als das meiner Schulkollegin. Deshalb lud sie mich ein, zu ihr zu kommen, bis der Regen aufhört.

Bei ihr zu Hause bekamen wir von ihrer Mutter einen Ingwertee. Nach einer Weile hörte der Regen auf und ich wollte nach Hause gehen. Ihre Familie wollte mich aber unbedingt zum Abendessen einladen. Ich dankte ihr und ihrer Familie für die Gastfreundschaft, ging aber doch nach Hause.

Meine Eltern hatten sich schon Sorgen gemacht. Gott sei Dank ließ meine Mutter etwas vom Abendessen übrig, denn ich hatte einen Bärenhunger. Danach hielten wir gemeinsam noch eine Teezeremonie und dann ging ich hundemüde ins Bett.

Schweinefleisch mit Ingwer

Zutaten:
- 500 g Schweinefleisch
- 50 g Ingwer
- 2 kleine Zwiebeln
- 3 Knoblauchzehen
- Sesamöl, Salz, Pfeffer
- Sojasoße/Maggi
- Pflanzenöl

Zubereitung:
Den Ingwer waschen und in Streifen schneiden. Die Zwiebeln schälen, waschen, halbieren und ebenfalls in Streifen schneiden. Den Knoblauch waschen, schälen und fein hacken.
Das Fleisch in Streifen schneiden. Ein Teil des Knoblauchs und der Zwiebeln dazu geben, mit Salz, Pfeffer, Sojasoße und etwas Sesamöl marinieren.
Etwas Öl in den Wok gießen und erhitzen, dabei das Öl kreisen lassen, sodass Boden und Wände benetzt sind. Den Rest der Zwiebeln, des Knoblauchs und des Ingwers dazugeben und anrösten lassen. Dann das Fleisch hinein geben und anbraten, dabei ständig umrühren bis das Fleisch gar ist. Auf einen Teller geben und mit Reis servieren.

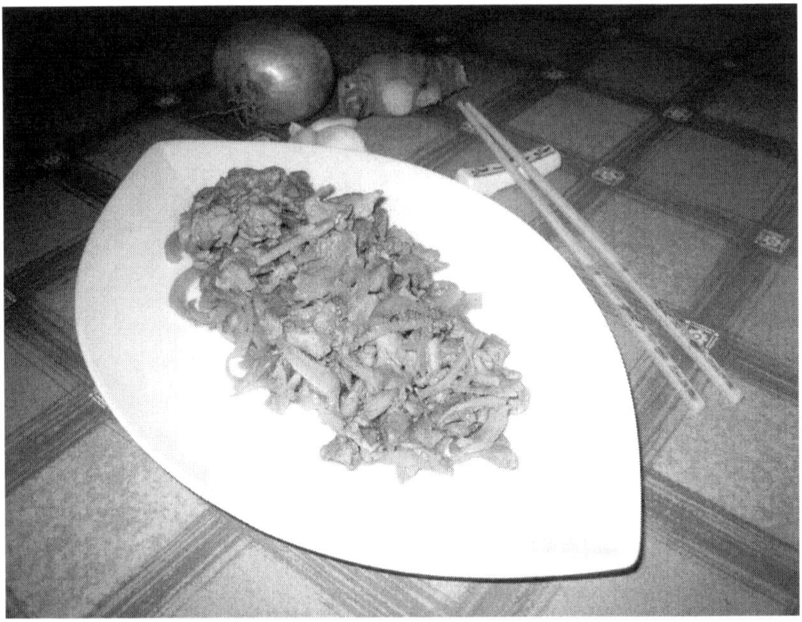

Reisblätter mit Fleischklößchen, Sojabohnensprossen und Gemüse

Zutaten:
- 500 g Hackfleisch (Rind- oder Schweinefleisch)
- 250 g Reisblätter (im Asia-Shop erhältlich)
- 300 g Sojabohnensprossen
- 2 Karotten
- 1 grüne Paprikaschote
- 1 rote Paprikaschote
- 1 Zwiebel
- 2 Knoblauchzehen
- 2 Selleriestangen
- 1 Essl. Kartoffelmehl
- Salz, Pfeffer
- Sojasoße/Maggi
- Sesamöl, Pflanzenöl

Zubereitung:
Die Zwiebeln und den Knoblauch schälen, waschen und fein hacken. Zusammen mit dem Hackfleisch und dem Kartoffelmehl mischen, dann mit Salz, Pfeffer, Sojasoße und Sesamöl marinieren. Das Fleisch anschließend in kleine Kügelchen formen und in heißem Öl anbraten.
Auf dem Küchenpapier abtropfen lassen.
Reisblätter in kochendem Wasser ca. 5 Minuten kochen. Dann die Blätter absieben, mit kaltem Wasser abschrecken und abtropfen lassen.
Die Paprikaschoten halbieren (Kerne entfernen) und in Scheiben oder in dünne Streifen schneiden. Den Porree in Scheiben oder schräge Scheiben schneiden.
Die Karotten in große Stücke schneiden, 3 bis 4 Kerben längs in die Karotten einschneiden und anschließend die Karotten in dünne Scheiben schneiden (die Scheiben schauen dann wie Blumen aus).
Die Sojabohnenkeimlinge waschen, abtropfen lassen und die Triebe entfernen.
Die Selleriestangen putzen, waschen und in dünne Scheiben schneiden.

Nun etwas Öl in den Wok geben und heiß werden lassen. Die Karotten dazugeben und ca. 2 Minuten anbraten, dann kommen nach und nach die Paprikaschoten dazu, dann Sellerie und am Schluss die Sojabohnenkeimlinge. (Die Karotten, Paprikaschoten, der Sellerie und die Sojabohnensprossen sollen nur kurz angebraten werden, damit sie knackig bleiben).
Anschließend die Nudeln und die Fleischkugeln dazu geben, umrühren, noch einmal mit Sojasoße, Salz, Pfeffer und etwas Sesamöl würzen, abschmecken und auf einen Teller geben.

Dieses Gericht wird in meiner alten Heimat vorzugsweise zum Frühstück, aber auch für zwischendurch und zum Abendessen zubereitet. Es ist in kurzer Zeit und mit wenig Aufwand fertig zubereitet.
In den Ferien war ich einmal für einige Tage bei meiner Tante eingeladen. An einem Abend wollten meine Cousinen mit mir essen gehen. In der Nähe gab es ein gutes Lokal, dessen Spezialität Nudelgerichte waren. Die Wahl war schwierig, denn es gab eine sehr große Auswahl an verschiedenen Gerichten. Schließlich konnte sich jede von uns für ein Gericht entscheiden und wir genossen es. Zum Trinken gab es verschiedene Fruchtsäfte und Tees zur Auswahl.
Nach dem Essen machten wir noch einen Spaziergang durch die Stadt. Die Cousinen zeigten mir die schönsten Sehenswürdigkeiten der Stadt. Wir aßen noch ein Eis und gingen dann nach Hause.
Es war schön, meine Verwandten näher kennen gelernt zu haben.

4. Nachtisch und für Zwischendurch

Frittierte Bananen

Zutaten:
- 3 Bananen
- 1 Essl. Mehl zum Wälzen
- 50 g Zucker
- 6 Essl. Öl
- 1 Essl. Sesam
- Pflanzenöl zum Frittieren
- Wasser und einige Eiswürfel

Für den Teig:
- 100 g Mehl
- 1 Teel. Backpulver
- 1 Ei
- 1 Essl. Pflanzenöl
- ca. ⅛ l Wasser

Zubereitung:
Das Mehl, das Backpulver und das Ei nach und nach mit einem Rührgerät zu einem Teig verrühren. Dann das Öl darunter rühren.
Die Bananen schälen und in je 5 Stücke schneiden. Anschließend im Mehl wälzen.
Etwas Öl im Wok erhitzen. Die Bananen in den Teig tauchen, im Wok goldgelb frittieren und anschließend auf Küchenpapier abtropfen lassen.
Kaltes Wasser und einige Eiswürfel in eine Schüssel geben.
Etwas Öl in einen sauberen Wok geben und erhitzen. Nun den Zucker dazugeben und bei ca.180 °C ständig umrühren bis der Zucker braun wird. Sofort die frittierten Bananen hinein geben, umrühren und mit Sesam bestreuen. Anschließend Stück für Stück in das Eiswasser tauchen und auf einen Teller geben. Das restliche Zuckerkaramell wie Fäden über die Fruchtstücke ziehen.

In unserem Garten hatten wir einige Obstbäume, darunter auch Bananen und Papaya. Am Nachmittag frittierte meine Mutter oft Bananen. Der süße Karamellzucker schmeckte richtig gut.

Für das Fest nahm meine Mutter Bananenblätter, um die kleinen Gemüsekuchen einzupacken und anschließend zu dämpfen.

Zuweilen holte ich die Bananenblätter und spielte Indianer mit anderen Kindern. Gegen die Jungen verloren wir oft. Dafür wurden wir aber von einer anderen Indianergruppe beschützt. Also, die Schwachen wurden beschützt. Indianer waren für uns Helden der Gerechtigkeit.

Das Wissen und das einfaches Leben der Indianer faszinierte uns. Sie sind sehr mit der Natur verbunden. Sie singen, tanzen und lachen und haben alles, was sie zum Leben brauchen. Wenn die Weißen ihnen das Land nicht weggenommen hätten, könnten sie auch heute noch in Frieden leben. Dies sagte mein Lehrer, als wir den Stoff über die Naturvölker durcharbeiteten.

Gebackener Bananenkuchen mit Kokosnusscreme

Zutaten für den Kuchen:
- 8 große, reife Bananen
- 250 g Toast oder Semmeln
- ½ l frische Vollmilch
- 150 g Zucker oder Honig
- 1 Messerspitze Salz

Für die Kokoscreme:
- 300g Kokosflocken
- ½ Liter Wasser
- ½ Liter Milch
- 2 Essl. Zucker
- 2 Essl. Kartoffelmehl
- 1 Messerspitze Salz

Zubereitung:
Den Toast zerkleinern, Milch dazugeben, umrühren und stehen lassen.
Die Bananen schälen und in sehr dünne Scheiben schneiden, mit dem Toast, Salz und Honig mischen. Anschließend in einer gut eingefetteten Backform backen.
Backzeit: ca. 1 Stunde
Temperatur: 180 °C, nach etwa 30 Minuten auf 160 °C zurückschalten.
Schließlich den Bananenkuchen herausnehmen und in Scheiben schneiden.
Nun die Kokosflocken in eine Schüssel mit ½ Liter heißem Wasser geben und ca. 30 Minuten stehen lassen. Die Milch dazugeben. Danach mit der Hand den Kokosnusssaft auspressen.
Jetzt den Saft absieben und ca. 4 Essl. davon mit 2 Essl. Kartoffelmehl in einer kleinen Schüssel verrühren. Den Rest des Saftes in einem Topf bei niedriger Hitze kochen, dabei nach und nach die vorher angerührte Soße dazugeben und regelmäßig umrühren. Anschließend etwas Salz und Zucker dazu geben und immer wieder umrühren, bis die Soße cremig wird. Den Topf von der Herdstelle nehmen und anschließend die Kokoscreme über den geschnitten Bananenkuchen gießen.
Man kann den Bananenkuchen warm oder auch kalt servieren.

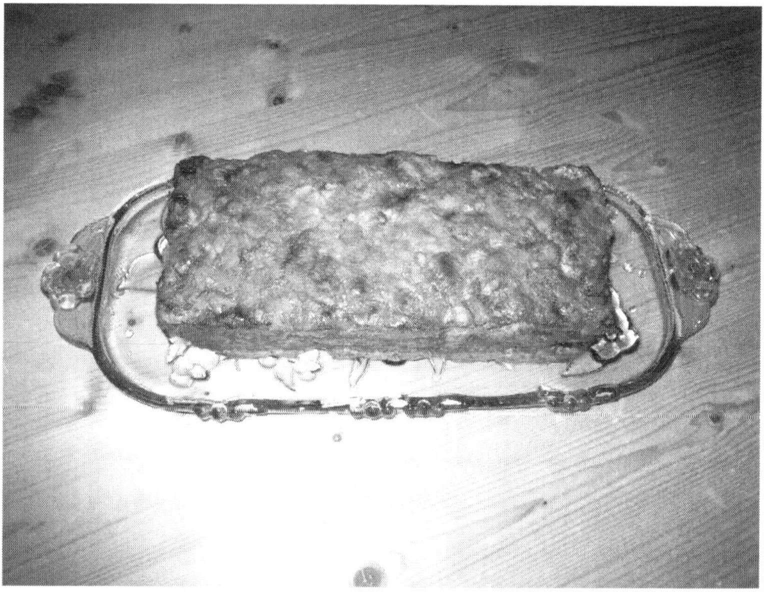

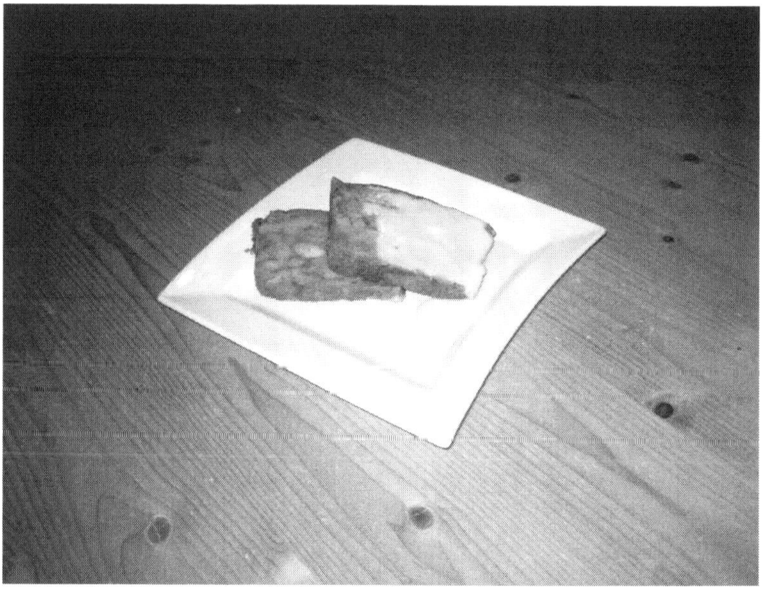

In meiner Heimat gibt es viele gedämpfte Kuchen mit verschiedenen Füllungen, z. B. mit verschiedenen Arten von Nüssen oder Gemüse. In der Konditorei konnte man aber auch gebackene Kuchen kaufen, so wie man sie in Europa kennt.
Irgendwann einmal in den Sommerferien kamen meine Freundinnen und ich auf die Idee selbst einen Kuchen zu backen. Es machte uns Spaß, mal etwas anderes zu probieren. Wir machten uns keine Sorgen darüber, ob der Kuchen auch gelingen wird, sondern waren einfach voller Zuversicht.
Wir freuten uns einfach über den ersten Versuch, einen Kuchen zubereitet zu haben, wie die Europäer ihn backen. Ja, so sind nun mal die Kinder. Einen Versuch ist es immer Wert! Ich kann mich noch gut daran erinnern, wie lecker der Kuchen war und dass wir keine Bauchschmerzen hatten!
Nach der chinesischen Medizin sind gedämpfte Speisen gesünder als gebackene. Durch das Backen gehen mehr Vitamine verloren. Gedämpfte Sachen schmecken saftiger und schmackhafter als die gebackenen.
Wenn ich als Kind gebackene oder geröstete Sachen aß, bekam ich Heiserkeit. Sie verschwand aber wieder, wenn ich Kräutertee trank.
Als ich einmal einen Kochkurs gab, sagte eine Kochteilnehmerin am Ende des Kurses zu mir, ihr wäre aufgefallen, dass ich mehr die Methode des Dünstens verwendete. Ihr war es recht, denn sie wusste, dass Gedünstetes gesünder ist und genauso gut schmeckt. Ich hatte wieder einen Fan gewonnen!

Dessert mit Sojabohnen und Kokoscreme

Zutaten:
- 150 g Sojabohnen
- 1 l Wasser
- 1 Dose Kokosmilch (im Reformhaus erhältlich)
- 150 bis 200 g Zucker (je nach Bedarf)

Zubereitung:
Die Sojabohnen im Wasser 2 Stunden einweichen lassen (am besten über Nacht). Danach die Bohnen abseihen.
Die Bohnen mit Wasser zum Kochen bringen bis sie weich werden.
Den Zucker dazu geben und umrühren. Anschließend die Kokosmilch hinein geben,
kurz umrühren, den Topf vom Herd nehmen und das fertige Gericht in Dessertgläsern servieren.
Man kann die Sojabohnen warm essen, man kann sie aber auch abkühlen lassen, ein paar Eiswürfel dazugeben und kalt genießen.

Zum Nachtisch gab es bei uns oft Sojabohnensuppe mit Kokoscreme. Meine Oma aß sie lieber warm. Wir hingegen aßen sie lieber kalt mit Eiswürfeln oder mit geriebenem Eis.
Wir genossen die Sojabohnen aber auch zwischendurch, etwa zur Marende oder am Abend, wenn wir mit Schulkollegen ausgingen.
Ein Schulkollege wollte mich zu seiner Party einladen, doch ich wollte nicht kommen.
Deshalb kam er auf die Idee, die ganze Klasse einzuladen. Da ich aber trotzdem nicht hingehen wollte, überredeten mich alle, doch zu kommen. Schließlich willigte ich ein und kam zur Party. Es gab Sojabohnensuppe, andere kleine Häppchen, Säfte und Tee. Die Eltern meines Schulkollegen kamen herein, begrüßten mich freundlich und sagten, dass sie es nett fänden, dass ich gekommen war. All meine Schulkameraden grinsten. Ich spürte, dass ich rot im Gesicht wurde. Wir hatten aber weiterhin eine nette Unterhaltung. Es war wirklich eine schöne Party!

Dessert mit Kürbis und Kokosnusscreme

Zutaten:
- ca. 800g Kürbisfrüchte
- 200g Zucker
- ca. 1 Liter Wasser zum Kochen

Für die Kokoscreme:
- 300g Kokosflocken
- ½ Liter Wasser
- ½ Liter Milch
- 2 Essl. Zucker
- 2 Essl. Kartoffelmehl
- 1 Messerspitze Salz

Zubereitung:
Die Kürbisfrüchte waschen, schälen und in kleine Stücke schneiden. Danach in einem Topf mit Wasser die Früchte ca. 20 bis 30 Minuten kochen. Anschließend Zucker dazugeben, umrühren, abschmecken und den Topf von der Herdstelle nehmen.
Nun die Kokosflocken in eine Schüssel mit ½ Liter heißem Wasser geben und ca. 30 Minuten stehen lassen. Die Milch dazugeben. Danach mit der Hand den Kokosnusssaft auspressen.
Jetzt den Saft absieben und ca. 4 Essl. davon mit 2 Essl. Kartoffelmehl in einer kleinen Schüssel verrühren. Den Rest des Saftes in einem Topf bei niedriger Hitze kochen, dabei nach und nach die vorher angerührte Soße dazugeben und regelmäßig umrühren.
Anschließend etwas Salz und Zucker dazu geben und immer wieder umrühren, bis die Soße cremig wird. Den Topf von der Herdstelle nehmen. Den Kürbis in eine kleine Schüssel geben und etwas Kokoscreme darüber gießen.
Man kann dieses Gericht warm oder kalt servieren.

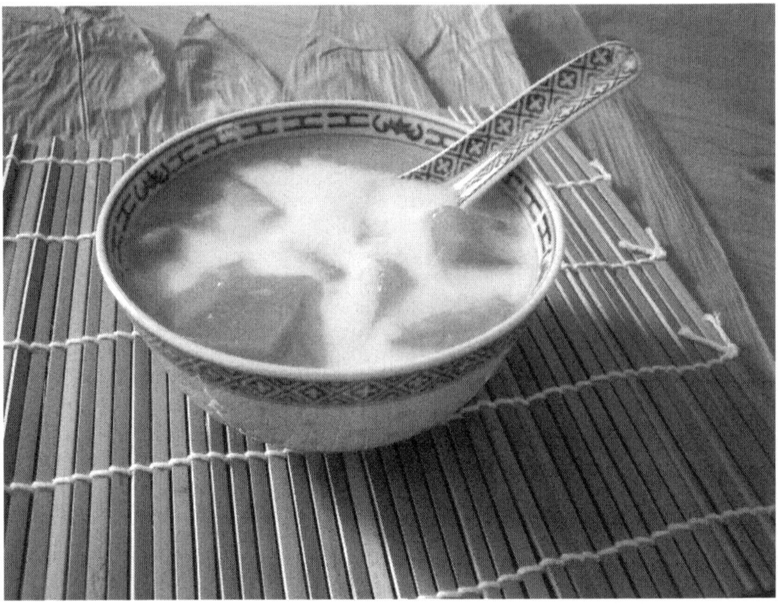

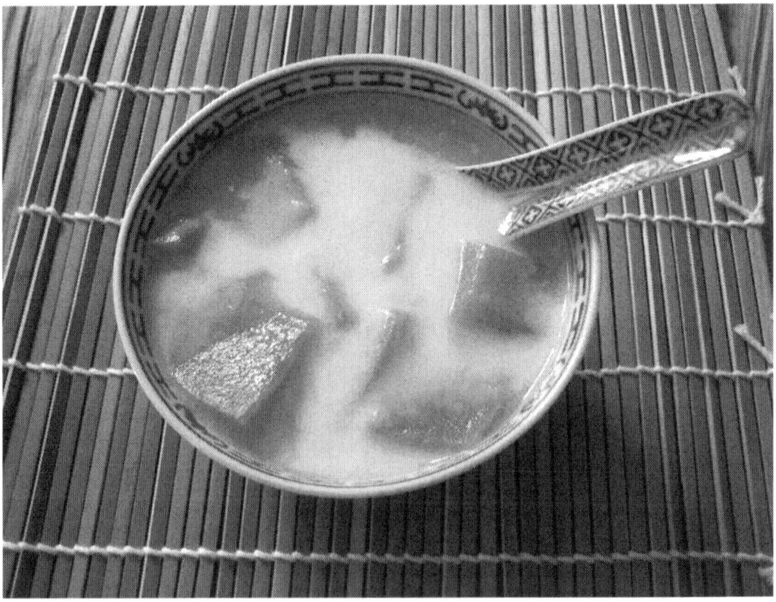

Kürbisfrüchte wachsen unproblematisch im Garten und auch auf dem Acker. Man kann sie als Suppe oder auch als Hauptspeise zubereiten. Mit einer Portion Kokosnusscreme dazu lacht nicht nur jedes Kind, sonder auch die Erwachsenen und alle, die Kokosnusscreme lieben.

Die Kürbiskerne trockneten wir in der Sonne oder rösteten sie in der heißen Pfanne mit etwas Salz ohne Fett – sie eigneten sich vorzüglich zum Knabbern.

Im Sommer, nach einem Basketballspiel, aßen wir die Kürbissuppe mit etwas geriebenem Eis dazu. Basketballspieler/Innen brauchen eine gesunde Ernährung und viele Vitamine.

Kürbisfrüchte und Kürbiskernöl sind heute in verschiedenen Küchen sehr beliebt und geschätzt.

Gedämpfte Küchlein mit Fleischfüllung

Für den Teig:
- 250 g Mehl
- 2 Tl Backpulver (vom Reformhaus)
- 1 Prisesalz
- 1 Tl Zucker
- 1 Ei, geschlagen
- ⅛ l Wasser

Für die Füllung:
- 10 g Morcheln (oder Champignons, Pfifferlinge)
- 80 - 100g Rinderhackfleisch
- 2 Frühlingszwiebeln
- 1 Knoblauchzehe
- Sojasoße/Maggi
- Salz, Pfeffer
- 1 Teel. Sesamöl
- 2 Essl. Pflanzenöl

Zubereitung:
Das Mehl in eine Schüssel geben und das geschlagene Ei dazugeben. Dann Wasser, Backpulver und Salz unterrühren und zu einem glatten Teig verkneten. Mit einem Küchentuch zudecken und ruhen lassen bis der Teig aufgeht.
Die getrockneten Morcheln in warmem Wasser ca. ½ Stunde einweichen. Nach Entfernen der harten Strunke die Morcheln waschen, abtropfen lassen und fein hacken. Anschließend etwas Öl im Wok erhitzen, die Morcheln kurz anbraten und auf einen Teller geben.
Die Frühlingszwiebeln putzen, waschen und in Scheiben schneiden. Den Knoblauch schälen und fein hacken.
Das Fleisch mit den Frühlingszwiebeln, Knoblauch, Salz, Pfeffer, Sojasoße und etwas Sesamöl marinieren.
Nun den Teig auf das bemehlte Nudelbrett legen, zu einem Teigstrang formen und in gleich große Portionen teilen. Jedes Stück zu einem kreisförmigen Blatt ausrollen und jeweils einen Teelöffel Füllung in die Mitte geben (man kann die Füllung vorher kurz anbraten, dies hat aber den Nachteil, dass sie dann nicht mehr so saftig ist.)

Die Teigränder nach oben ziehen, zusammendrücken und zu einem Säckchen verschließen.
Die Teigsäckchen in ein geöltes Dampfgarsieb legen. Dieses in das oberste Fach eines großen Dampfkochtopfes hinein geben, den Topf mit einem Deckel verschließen und die Küchlein ca. 15 bis 20 Minuten dämpfen, dann herausnehmen und heiß servieren.
Die gedämpften Kuchen isst man vorzugsweise zum Frühstück, oder als Zwischenmahlzeit.

Die gedämpften Küchlein sind bei uns sehr beliebt. Sie sind nicht fetthaltig, aber doch sättigend. An Festtagen dürfen sie nicht fehlen. Nach dem Fest werden die Verwandten und Nachbarn zum Essen eingeladen, oder sie beschenken sich gegenseitig, z.B. mit verschiedenen gedämpften Kuchen, mit Fleisch und Geflügel.
Die gedämpften Küchlein isst man auch zum Frühstück, als Zwischenmahlzeiten oder während einer Pause. Einmal hatten wir in der letzten Stunde frei, weil der Biologielehrer krank war. Unterwegs nach Hause gingen wir bei einem Lokal vorbei, das gedämpfte Küchlein verkaufte. Es duftete verführerisch. Meine Freundin und ich gingen hinein und kauften welche, denn wir hatten nach dem Turnen Hunger. Wir meinten nämlich, dass sie bis zum Abendessen längst wieder verdaut sein würden.

Gedämpfter Kuchen

Zutaten:
- 300 g Rinderhackfleisch (od. Schweinefleisch)
- 3 Frühlingszwiebeln
- 15 g Morcheln
- 3 Karotten
- 1 Essl. gehackter Ingwer
- Salz, Pfeffer
- Sojasoße, Sesamöl
- 2 Essl. Pflanzenöl
- 230g Reismehl
- 100 g Tapiokamehl
- ½ l warmes Wasser

Zubereitung:
Das Fleisch in eine Schüssel geben. Die Frühlingszwiebeln putzen, waschen und fein schneiden, dann mit Salz, Pfeffer, Sojasoße und Sesamöl marinieren.
Die getrockneten Morcheln in warmem Wasser ca. ½ Stunde einweichen. Nach Entfernen der harten Strunke die Morcheln waschen, abtropfen lassen und fein hacken.
Die Karotten waschen, schälen und in feine Streifen schneiden.
Etwas Öl im Wok erhitzen, dann die Karotten und Morcheln dazu geben und kurz anbraten. Danach das Fleisch hinzufügen, anbraten und den Wok vom Herd nehmen.
Die Kuchenform mit etwas Öl einfetten.
Das Reismehl und Tapiokamehl mit warmem Wasser zu einem Teig mischen (der Teig soll dickflüssig sein). Anschließend den Rest der Zutaten dazugeben, gut vermischen und evtl. noch mal nachwürzen. Den Teig in eine Kuchenform geben (man kann auch kleinere Kuchenformen verwenden) und in das oberste Fach eines großen Dampfkochtopfs hinein geben, diesen mit einem Deckel verschließen und den Kuchen ca. 30 bis 40 Minuten dämpfen.
Anschließend den Kuchen herausnehmen und heiß servieren.

Diesen Kuchen machte meine Mutter öfters. Wenn etwas vom Kuchen übrig war, bewahrten wir es im Kühlschrank für ein paar Tage auf. Meine Mutter schnitt den Kuchen in Scheiben und briet ihn in der Pfanne mit etwas Öl an. Dazu passte prima ein bunter Salat.
Wenn die Schule einen Ausflug organisierte, waren wir alle begeistert. Wir nahmen reichlich Proviant mit. Meine Mutter machte gedämpften Kuchen und gab mir ein Stück davon mit.
Das war ideal für unterwegs. Wir machten dann ein gemeinsames Picknick. Frische Luft machte hungrig. Wir hatten viele Wettbewerbs-Spiele, z.B. maßen wir uns darin, wer am schnellsten mit dem Kartoffelsack springen konnte. Bei einem anderen Spiel wird je ein Fuß zweier Teilnehmer/Innen zusammen gebunden und so mussten sie laufen, so schnell sie konnten. Oder die Augen wurden verbunden und man musste aufgehängte Bonbons suchten. Diese durften wir natürlich behalten. Es war lustig und auch ein schönes Erlebnis für uns alle. Unterwegs nach Haus hoffte ich, dass etwas von dem Kuchen übrig blieb. Meine Mutter hatte schon für mich ein Stück zur Seite gelassen. Nett, dass sie an mich gedacht hatte.

Frisches Obst

Vorbereitung einer Ananas

Tee-Zeremonie